MON CE1D EN SCIENCES

W0372612

Le CE1D, il faut t'y préparer, c'est sûr, mais tout d'abord, no stress !

Ce livre d'exercices t'offre une excellente préparation à la réussite du CE1D.

Les différentes questions te mettent en situation d'évaluation afin que tu appréhendes au mieux ce qu'on attend de toi.

Pour répondre aux exigences du programme, ce CE1D te permettra d'aborder l'ensemble des thèmes de la 1e à la 2e.

Chaque question est accompagnée d'une aide méthodologique qui t'aiguillera dans ta préparation.

Le correctif te permettra également de vérifier l'acquisition de la matière.

Tout est mis en oeuvre pour que tu te sentes rassuré et accompagné dans ce nouveau processus d'évaluation.

Alors, lance-toi et bon courage !

© Je Réussis Édition - Reproduction interdite

QUESTION N°1

Coup d'ponce!

Une **CHAINE ÉNERGÉTIQUE** est un schéma de synthèse qui reprend l'ensemble des transformations d'énergie d'un dispositif.

De nombreux objets stockent de l'énergie sous différentes **FORMES**. Qu'elle soit thermique, chimique, électrique ou autre, elle peut se **TRANSFORMER** en une autre forme.

Le corps humain en est un bon exemple où l'énergie biochimique, issue de l'apport de nutriments et de dioxygène, est transformée en énergie musculaire.

© Je Réussis Édition - Reproduction interdite

QUESTION N° 1

Pour faire fonctionner une lampe de poche traditionnelle, il est obligatoire de la munir d'une pile. Cette dernière est le siège de nombreuses réactions chimiques qui permettent de fournir de l'électricité. En appuyant sur le bouton de marche, on libère l'électricité se trouvant dans la pile vers l'ampoule qui s'éclaire. Si tu laisses trop longtemps ta lampe de poche allumée, elle risque de surchauffer. Fais bien attention !

1 COMPLÉTER la chaîne énergétique suivante pour l'exemple de la lampe de poche.

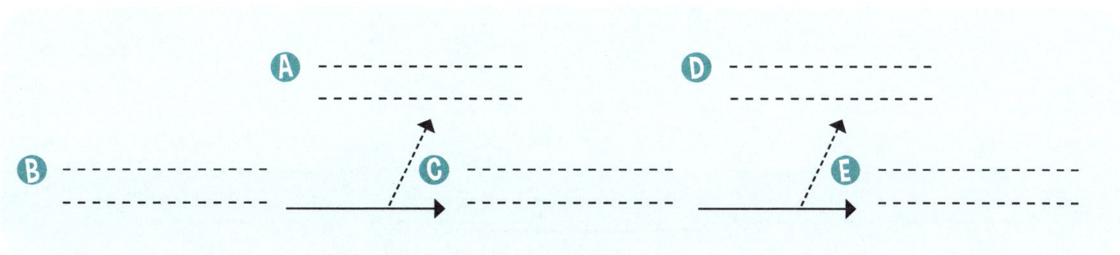

© Je Réussis Édition - Reproduction interdite

QUESTION N° 1

Depuis quelques années, les panneaux solaires thermiques ont la cote en Belgique. En effet, bien que le cout de leur installation soit parfois fort élevé, ils restent néanmoins une solution écologique rapidement rentabilisée. Les panneaux solaires thermiques se placent souvent sur le toit des habitations. Ils sont munis de capteurs solaires qui vont capter les rayons du soleil et permettre notamment de chauffer l'eau de la maison. Contrairement aux panneaux photovoltaïques, ils ne produisent pas d'électricité.

2 COMPLÉTER la chaîne énergétique suivante pour l'exemple du panneau solaire thermique.

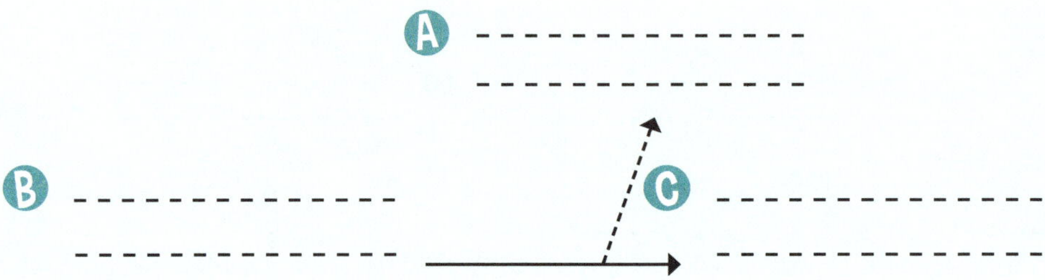

© Je Réussis Édition - Reproduction interdite

QUESTION N° 2

Dans quel état se trouve l'eau dans les exemples suivants ? PLACER une croix dans la bonne colonne.

		GAZEUX	LIQUIDE	SOLIDE
A	Le lac de l'Eau d'Heure			
B	Un glaçon			
C	Un nuage*			
D	La grêle			
E	Un flocon de neige			
F	La buée sur un miroir			
G	La vapeur d'eau			
H	La rosée du matin			

*Cet exemple admet 2 solutions.

© Je Réussis Édition - Reproduction interdite

QUESTION N° 2

Coup d'pouce !

L'eau sur Terre est présente sous **3 ÉTATS :**

- L'état **SOLIDE**
- L'état **LIQUIDE**
- L'état **GAZEUX**

La matière, et donc l'eau, est constituée de **MOLÉCULES**. Selon l'état de la matière, elles auront des **PROPRIÉTÉS DIFFÉRENTES.**

L'ÉTAT SOLIDE se caractérise par des molécules ordonnées, serrées les unes aux autres et bougeant peu, voire pas.

Par contre, **L'ÉTAT LIQUIDE** possède des molécules désordonnées, plus espacées et en mouvement.

Enfin, à **L'ÉTAT GAZEUX**, les molécules bougent énormément et sont très espacées. *Les gaz sont expansibles.*

© Je Reussis Édition - Reproduction interdite

QUESTION N° 3

Voici l'étiquette relevée sur une bouteille d'eau Glagla :

Bouteille conçue exclusivement pour contenir de l'eau minérale naturelle Glagla.
À conserver à l'abri du soleil et du gel, dans un endroit propre, sec, frais et sans odeur. Le gel peut précipiter les sels minéraux de Glagla Grande Source en cristaux blancs, sans conséquence pour la santé.

Minéralisation caractéristique en mg/l :			
Calcium : 202	Magnésium : 43	Sodium : 4,7	
Sulfate : 336	Nitrate : 4,6	Hydr.Carb. : 402	Fluor : 0,28
Résidu sec à 180°C : 841 • Convient pour un régime pauvre en sodium			

1 JUSTIFIER l'affirmation suivante concernant l'eau de la bouteille : « c'est un mélange ! ».

....

....

....

2 COCHER la représentation moléculaire correspondant à celle de l'eau présentée ci-dessus.

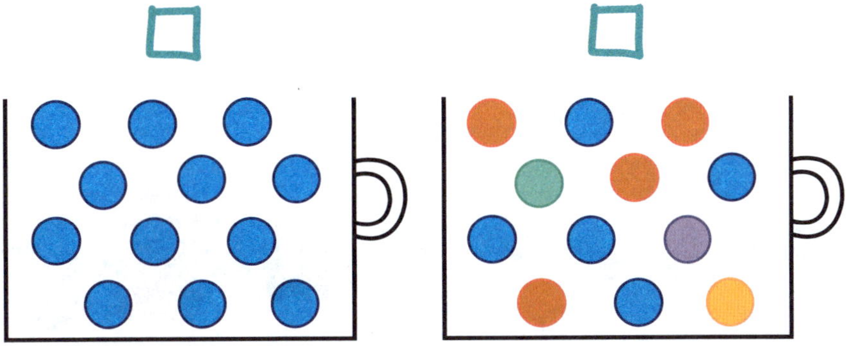

© Je Réussis Édition - Reproduction interdite

QUESTION N° 3

Coup d'pouce!

Pour rappel, un **MÉLANGE** est un corps composé de molécules différentes (exemple : le café), tandis qu'un **CORPS PUR** est un corps composé de molécules identiques (exemple : de l'or pur).

Lorsqu'on te demande de **JUSTIFIER** une idée, on attend de toi :

- Un bref rappel **THÉORIQUE** des notions abordées,
- Une confrontation de cette théorie avec l'idée à justifier,
- Une explication de **TON POINT DE VUE**, de ton **RAISONNEMENT**,
- Une **BRÈVE CONCLUSION** qui reprend les éléments précités,
- Une réponse **STRUCTURÉE**, **CLAIRE** et **COHÉRENTE**.

© Je Réussis Édition - Reproduction interdite

QUESTION N° 4

Lorsqu'il est question de poids et de masse, notre boucher en perd facilement son latin. D'ailleurs, dans la vie de tous les jours, nous commettons souvent cet abus de langage en confondant les deux termes.

Les étiquettes alimentaires n'échappent pas à la règle ...
En termes de poids et de masse, le contenu de celle-ci est-il correct ?

Double concentré de tomate 28%
Ingrédients : tomates, sel
Cirio France BP 344
13271 Marseille CEDEX OS FRANCE

Produit pour Cirio Napoli Italia
Poids net : **4 x 70g**

JUSTIFIER l'exactitude des termes utilisés.

....

....

....

....

....

....

....

© Je Réussis Édition - Reproduction interdite

QUESTION N° 4

Coup d'pouce!

Dans le langage de tous les jours, il est fréquent de faire l'amalgame entre les notions de **POIDS** et de **MASSE**.

Par contre, en sciences, les deux grandeurs se distinguent clairement.

La **MASSE** représente une **QUANTITÉ DE MATIÈRE**, exprimée en **KILOGRAMMES** et dont l'instrument de mesure est la **BALANCE**. La masse est une grandeur **INVARIABLE**.

À l'opposée, le **POIDS** est la **FORCE D'ATTRACTION** exercée par un astre sur un corps. Il s'exprime en **NEWTONS** et se mesure à l'aide d'un **DYNAMOMÈTRE**. Le poids d'un objet **VARIE** en fonction de l'astre sur lequel il se trouve, de son altitude et de sa latitude.

Un tableau de comparaison pourrait t'aider à facilement les distinguer.

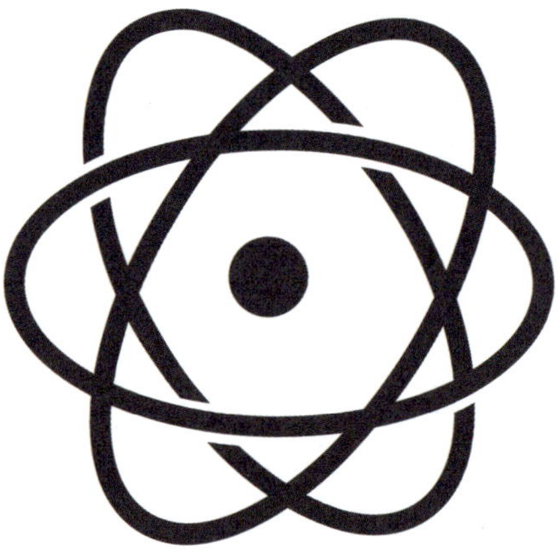

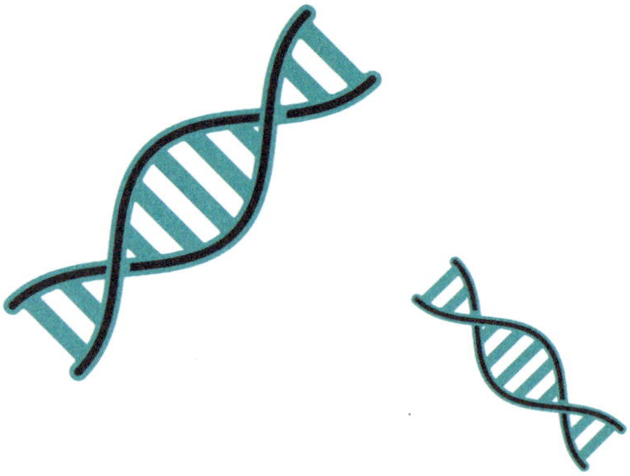

© Je Réussis Édition - Reproduction interdite

QUESTION N° 5

La comète Biela fut observée pour la première fois en 1772 dans la région de Limoges en France. Elle tient son nom de l'astronome autrichien Wilhelm Freiherr von Biela. Ce dernier l'observa pendant 29 jours à l'aide d'un télescope puisqu'elle était invisible à l'œil nu, puis, elle disparut. Elle fut encore observée par d'autres scientifiques par la suite.

Une comète est un petit corps constitué de trois parties: le noyau, la chevelure et la queue.

Le noyau et la chevelure forment la tête de la comète. Cette dernière est un solide constitué de glace. Lorsque la comète s'approche du soleil, une partie de la glace se transforme en gaz et forme la queue.

Dans le système solaire, certaines grandes comètes s'approchent suffisamment de la Terre pour être visibles à l'œil nu. Leur apparition est souvent spectaculaire...

© Je Réussis Édition - Reproduction interdite

QUESTION N° 5

1 INDIQUER le nom du changement d'état résultant de la formation d'une comète.

RÉPONSE : ....

2 COCHER la bonne justification.

- ☐ Car c'est le passage de l'état solide à l'état liquide.
- ☐ Car c'est le passage de l'état solide à l'état gazeux.
- ☐ Car c'est le passage de l'état gazeux à l'état solide.

Coup d'pouce !

Notre environnement regorge de **CHANGEMENTS D'ÉTAT** : l'eau qui bout, le linge qui sèche, la viande qui décongèle, l'eau qu'on place au réfrigérateur pour former des glaçons,...

C'est notamment le cas de la comète Biela. Quel est son état initial ? Quel est son état final ?

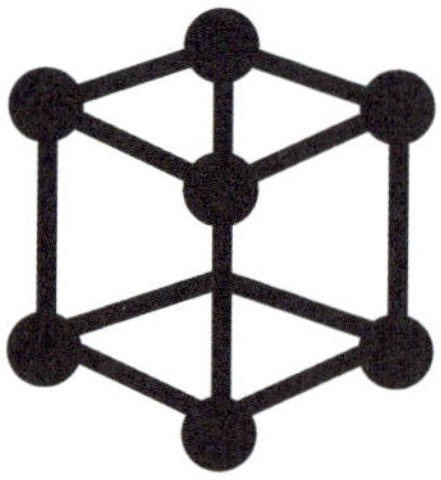

© Je Réussis Édition - Reproduction interdite

QUESTION N° 6

Voici les photos d'une lampe de poche et d'une disqueuse.

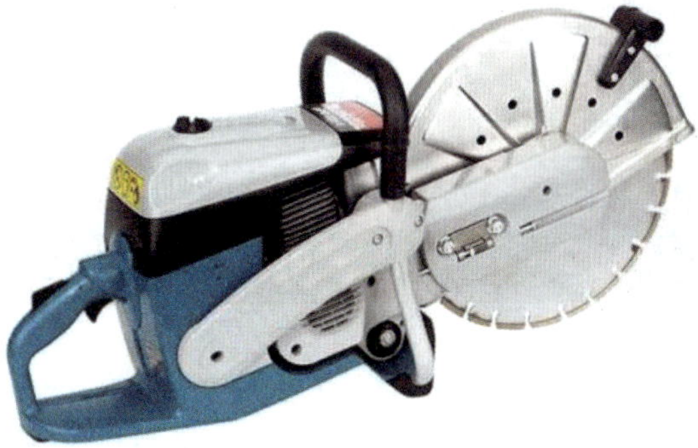

COMPLÈTER le tableau suivant.

	LAMPE DE POCHE	DISQUEUSE
Forme d'énergie alimentant les appareils présentés	A	D ....
Formes d'énergies produites	B	E ....
	C	F ....

© Je Réussis Édition - Reproduction interdite

QUESTION N° 7

En juin 2014, nous avons eu la chance de suivre la Coupe du Monde de football qui s'est déroulée au Brésil.

Nous avons pu admirer le terrain où les joueurs nous éblouissaient de gestes techniques. Et observer les tribunes où deux types de supporters se côtoyaient

Dans les tribunes assises, les supporters regardaient tranquillement le match, posés sur leur siège, tandis que dans les tribunes debout, les supporters chantaient, sautaient ou dansaient.

Sur le terrain, les joueurs s'en donnaient à cœur joie. Les actions se succédaient d'un côté comme de l'autre. La rapidité des joueurs était parfois difficile à suivre.

© Je Réussis Édition - Reproduction interdite

QUESTION N° 7

En t'aidant de l'article précédent, réponds aux questions suivantes.

1 DÉTERMINER les trois groupes de personnes présents dans un stade de football.

1 ....

2 ....

3 ....

Chaque groupe de personne pourrait être associé à un état de la matière.

2 COMPLÉTER le tableau suivant en faisant correspondre chaque groupe de personnes à un état de la matière.

ÉTAT SOLIDE	ÉTAT LIQUIDE	ÉTAT GAZEUX
A	B	C ....

Coup d'pouce !

Commence par te rappeler de chaque **ÉTAT DE LA MATIÈRE** et de leurs propriétés.

Ensuite, détermine les différents groupes de personnes présents dans un stade de football.

Enfin, établis un parallélisme entre les deux et associe à chaque groupe de personnes un état physique, en te basant sur leurs **CARACTÉRISTIQUES COMMUNES**.

Tu peux aussi retourner lire le coup d'pouce page 6 !

© Je Réussis Édition - Reproduction interdite

QUESTION N° 8

CLASSER les phrases suivantes dans l'ordre chronologique qui suit le développement naturel humain en commençant par l'acte sexuel.

☐ Lors de l'acte sexuel, les spermatozoïdes déversés dans le vagin de la femme par l'homme remontent vers les ovaires. Dans un même temps, l'ovaire libère un ovule.

☐ Le bébé ressemble à ses parents et n'est pas autonome. Il devra être nourri et protégé.

☐ L'ovule fécondé, aussi appelé cellule-œuf, redescend vers l'utérus où il va s'implanter dans sa paroi, l'endomètre. L'ovule fécondé s'y développe et devient un embryon. Cette étape s'appelle la nidation.

☐ La fécondation se déroule dans les trompes de Fallope ou oviductes. C'est la rencontre entre une cellule reproductrice mâle et une cellule reproductrice femelle. Elle est interne.

☐ La puberté représente la période pendant laquelle les organes génitaux du garçon et de la fille se mettent à produire les cellules reproductrices, c'est-à-dire les spermatozoïdes et les ovules.

© Je Réussis Édition - Reproduction interdite

QUESTION N° 8

☐ L'embryon, ensuite appelé fœtus, se développe pendant neuf mois dans le corps de la maman. On parle de gestation.

☐ L'accouchement se déroule en plusieurs étapes. Suite aux contractions des muscles de l'utérus et aux poussées de la mère, le nouveau-né est sorti du corps maternel. Ensuite, vient la délivrance, c'est-à-dire l'expulsion du placenta hors du corps de la maman.

Coup d'ponce !

Le **CYCLE DE VIE** de l'Homme est rythmé par de nombreuses étapes, plus ou moins importantes. Mais, tout cela commence bien avant la naissance du petit être... dans le « ventre » de la maman.

 © Je Réussis Édition - Reproduction interdite

QUESTION N° 9

En France, sur certaines plages Normandes, il est courant de trouver des zones de sables mouvants… Un jour, quatre copains du quartier décident de faire un match de football sur la plage. Ils connaissent bien les lieux et préfèrent jouer loin de zones dangereuses. Heureusement pour eux, les autorités maritimes ont placés des pancartes les informant du danger potentiel : « attention : sables mouvants »

Bien qu'ayant pris toutes les précautions requises, la balle finit par leur échapper. Elle est dégagée bien au-dessus de la zone des sables mouvants. Les quatre copains tentent de récupérer leur bien à l'aide d'un bâton mais celui-ci est trop court. L'un d'eux évite de justesse la chute dans le sable mouvant… Il n'y a donc aucune issue permettant d'atteindre le ballon ! Il faudra traverser les sables mouvants…

© Je Réussis Édition - Reproduction interdite

QUESTION N° 9

Voici un tableau présentant les caractéristiques de chaque enfant.

NOMS DES ENFANTS	MASSE DES ENFANTS	FORCE POIDS DES ENFANTS	SURFACE DE LEURS DEUX PIEDS
Tim	53 kg	A .... N	150 cm²
Marc	45 kg	B .... N	146 cm²
Daniel	48 kg	C .... N	143 cm²
Marie	45 kg	D .... N	149 cm²

1 Sachant que :

100 g ⟷ 1 N

DÉTERMINER la valeur de la force poids de Tim par une simple règle de trois.

© Je Réussis Édition - Reproduction interdite

QUESTION N° 9

❷ **DÉTERMINER la valeur de la force poids de chaque enfant et la noter dans le tableau de données.**

❸ **Lequel des 4 amis serait-il plus prudent d'envoyer rechercher le ballon ? COCHER la bonne réponse.**

- ☐ Tim
- ☐ Marc
- ☐ Daniel
- ☐ Marie

❹ **EXPLIQUER pourquoi avoir choisi cet enfant pour aller récupérer le ballon dans les sables mouvants.**

....

....

....

....

....

....

....

....

 © Je Réussis Édition - Reproduction interdite

QUESTION N° 9

Coup d'pouce !

Lorsque tu te retrouves face à ce type de question, il est très important de commencer par en déterminer le **SUJET**. De quoi parle-t-elle ?

Ensuite, il faut **SYNTHÉTISER LA THÉORIE** que tu connais à ce sujet. Au besoin, complète tes connaissances en te documentant. Qu'est-ce que je connais à ce sujet ?

Enfin, **CONFRONTE** ton savoir à la question posée et, réponds-y en **ARGUMENTANT** et en **DÉTAILLANT** ton **RAISONNEMENT**.

Dans le cas présent, il s'agit d'un exercice sur **LA PRESSION** dans les solides.

Pour rappel, la **PRESSION P** est le rapport entre **la FORCE F** (exprimée en newtons N) et la **SURFACE S** (exprimée en mètres carrés m²) sur laquelle elle s'exerce :

$$P = \frac{F}{S}$$

P : $\frac{N}{m^2}$ ou Pa — F : N — S : m^2

La pression est **DIRECTEMENT PROPORTIONNELLE** à la **FORCE PRESSANTE** et **INVERSÉMENT PROPORTIONNELLE** à la **SURFACE DE CONTACT**.

© Je Réussis Édition - Reproduction interdite

QUESTION N° 10

Voici différentes situations présentes dans la vie quotidienne.

Canines de chat

Pattes de grenouille

Lame de couteau

Hauts talons

Raquettes de neige

Chenilles de grue

Pointes de clous

© Je Réussis Édition - Reproduction interdite

QUESTION N° 10

1 CLASSER ces 10 situations en deux groupes en choisissant comme critère de classification leur surface de contact.

....	....
....	....
....	....
....	....
....	....
....	....

2 COCHER les deux bonnes conclusions qui s'imposent.

☐ Plus la surface de contact augmente, plus la pression diminue.

☐ Plus la surface de contact augmente, plus la pression augmente.

☐ Plus la surface de contact diminue, plus la pression diminue.

☐ Plus la surface de contact diminue, plus la pression augmente.

© Je Réussis Édition - Reproduction interdite

QUESTION N° 10

3 COCHER le facteur qui varie dans la situation suivante.

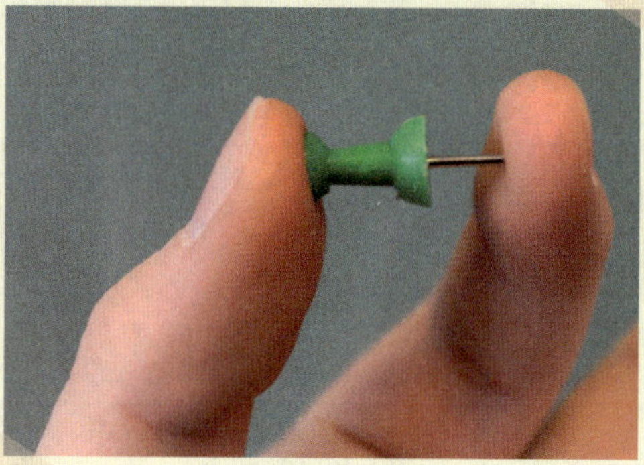

- ☐ La force pressante
- ☐ La surface de contact
- ☐ La pression

Coup d'pouce!

Rappelle-toi que :

- Plus la **surface de contact** est **grande**, plus la **pression diminue**.
- Plus la **surface de contact** est **petite**, plus la **pression augmente**.
- Plus la **force pressante** est **grande**, plus la **pression augmente**.
- Plus la **force pressante** est **petite**, plus la **pression diminue**.

© Je Réussis Édition - Reproduction interdite

QUESTION N° 11

Quatre villes ont été présélectionnées pour organiser les prochains Jeux olympiques d'été.

Les voici présentées avec leurs altitudes et latitudes respectives.

VILLES	ALTITUDE	LATITUDE
Cuzco au Pérou	4 000 m	10°
Sao Paulo au Brésil	2 000 m	30°
Houston aux U.S.A.	13 m	30°
Kuala Lumpur en Malaisie	20 m	10°

Dans ce tableau, on fait l'approximation du nord et du sud concernant la latitude.

© Je Réussis Édition - Reproduction interdite

QUESTION N° 11

Il faut savoir que plus tu t'éloignes du centre de la Terre, plus ta force poids diminue.

En concéquences :

→ ***Plus tu t'éloignes des pôles, plus ta force poids diminue.***

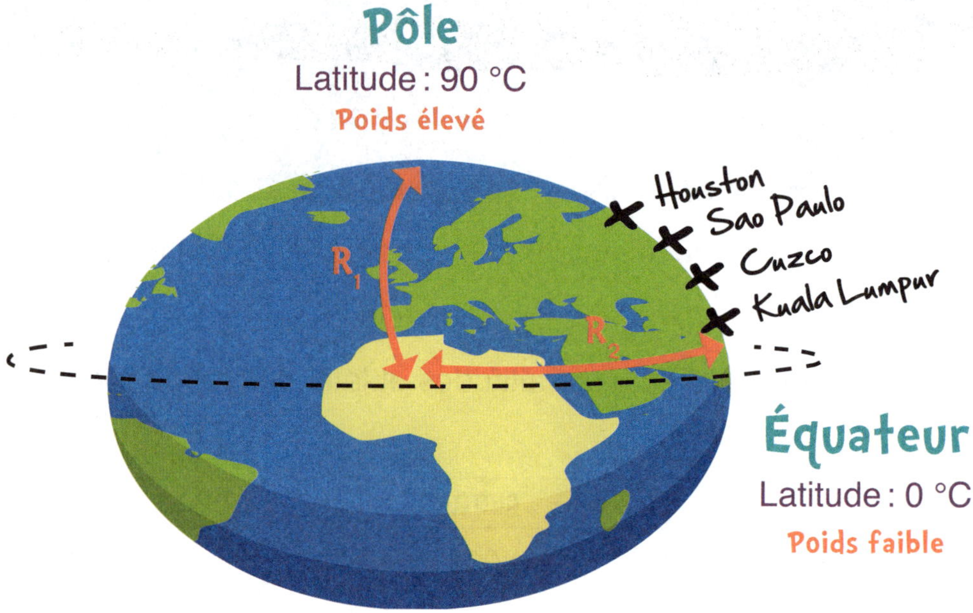

$R_1 < R_2$

On est plus proche du centre de la Terre aux pôles.

Définition : la LATITUDE est la position d'un point sur Terre par rapport à l'équateur. Elle peut être Nord ou Sud et va de 0 à 90°.

© Je Réussis Édition - Reproduction interdite

QUESTION N° 11

→ ***Plus tu montes en altitude, plus ta force poids diminue.***

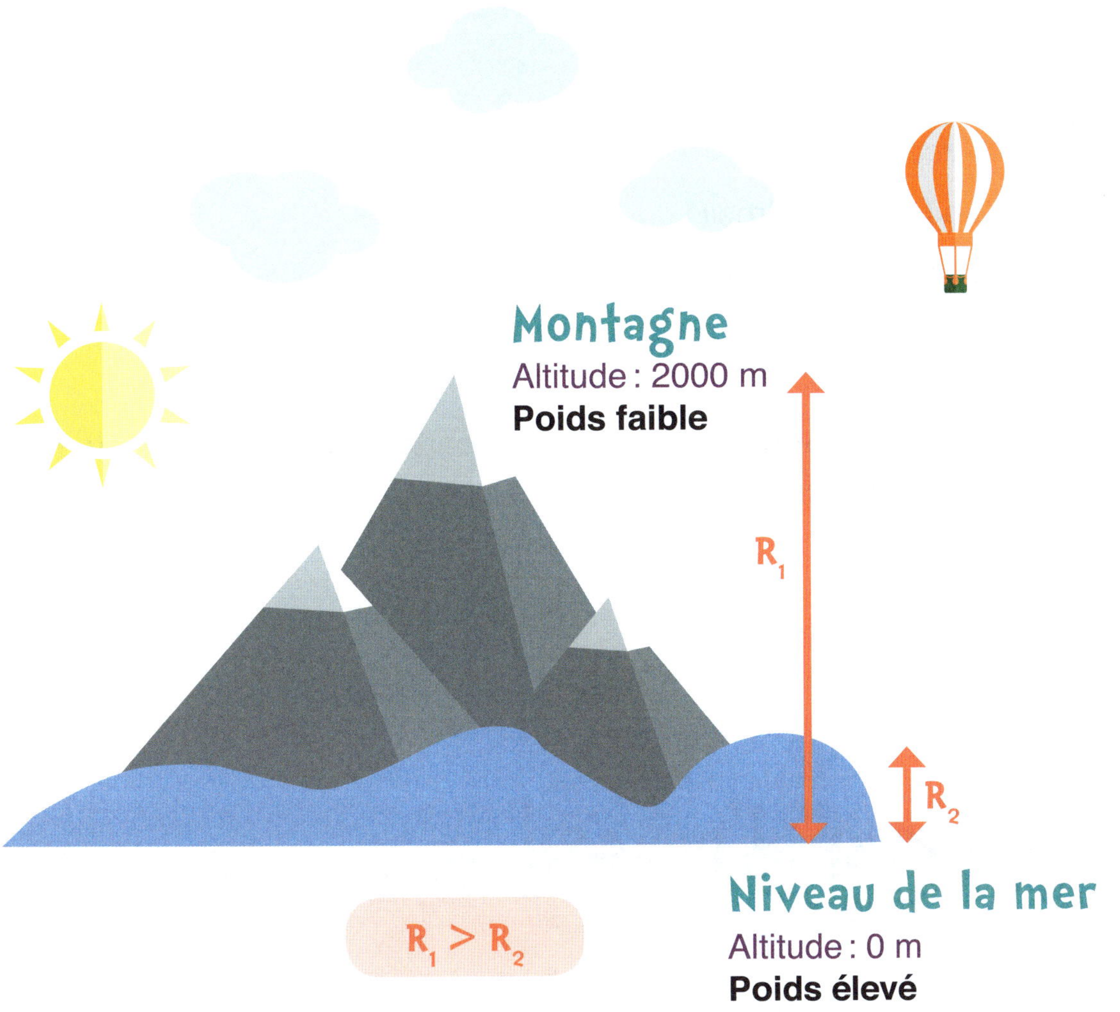

Définition : l'ALTITUDE est l'élévation d'un point par rapport au niveau de la mer.

© Je Réussis Édition - Reproduction interdite

QUESTION N° 11

Quelle ville choisirait un sportif s'il veut battre son record personnel de saut en hauteur ?

1 COCHER la bonne réponse.

- ☐ Cuzco au Pérou
- ☐ Sao Paulo au Brésil
- ☐ Houston aux U.S.A.
- ☐ Kuala Lumpur en Malaisie

2 EXPLIQUER pourquoi avoir choisi cette ville pour battre le record de saut en hauteur.

....

....

....

Coup d'pouce !

Si tu sais que plus tu t'éloignes du centre de la terre, plus ton poids diminue. Et que, plus tu t'éloignes des pôles, plus ton poids diminue.
Alors, pour battre un record de saut en hauteur, il faut trouver une ville où l'attraction sera moindre... c'est-à-dire où ton poids sera le plus faible. Que ville choisiras-tu ?

© Je Réussis Édition - Reproduction interdite

QUESTION N° 12

En allant courir au parc, j'ai fait tomber ma bouteille d'eau-grenadine à terre. Elle a rebondi et a été secouée dans tous les sens.

La voici représentée avec son contenu.

1 **ENTOURER les shémas corrects.**

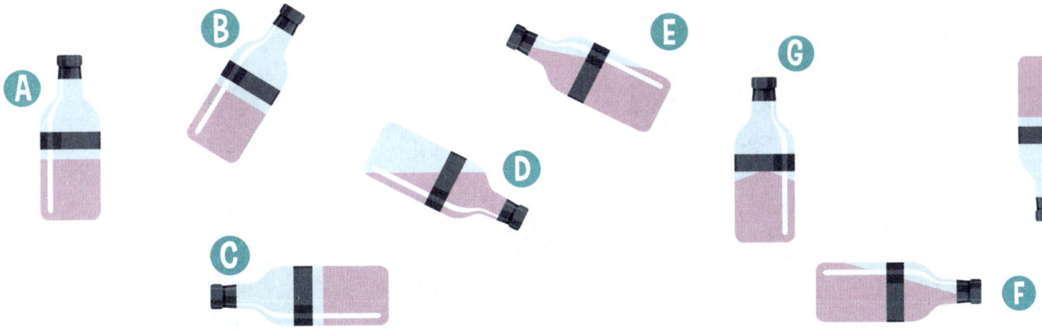

2 **CORRIGER les représentations erronées.**

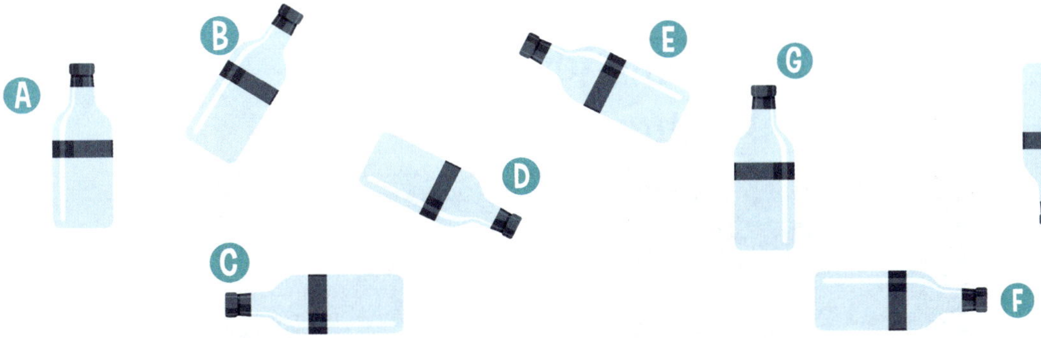

Coup d'pouce!

Bien qu'on ait l'habitude de représenter la surface d'un liquide par des « petites vagues », la **SURFACE LIBRE** d'un liquide est toujours **PLANE** et **HORIZONTALE**.

© Je Réussis Édition - Reproduction interdite

QUESTION N° 13

Voici une expérience très simple réalisée en classe. On remplit deux verres d'eau. On place le premier sur une table et le second sur le radiateur. On laisse reposer les deux verres pendant quelques jours.

© Je Réussis Édition - Reproduction interdite

QUESTION N° 13

1 **CITER les observations réalisables après 3 jours de repos.**

....

....

....

....

....

2 **CITER le facteur qui varie lorsqu'on réalise cette manipulation.**

....

Coup d'pouce !

OBSERVER une expérience se fait à l'aide de nos sens. C'est un constat, dénué de tout sentiment ou de jugement. Il ne faut pas confondre observation (ex : un enfant pleure) et interprétation (ex : cet enfant est triste).

© Je Réussis Édition - Reproduction interdite

QUESTION N° 14

Lors d'un laboratoire, les élèves ont mis chauffer de l'eau. Ils ont régulièrement relevé sa température.

Voici ce qu'a retranscrit Sophie dans son carnet de laboratoire.

© Je Réussis Édition - Reproduction interdite

QUESTION N° 14

1 À partir des notes de Sophie, ÉTABLIR un tableau de données clair et précis.

© Je Réussis Édition - Reproduction interdite

QUESTION N° 14

2 **À partir du tableau de données, TRACER le graphique adéquat représentant l'évolution de la température de l'eau en fonction du temps.**

© Je Réussis Édition - Reproduction interdite

QUESTION N° 14

3. **EXPLIQUER quel phénomène apparait entre 14h10 et 14h25. Justifier la réponse.**

....

....

4. **DONNER le nom du changement d'état mis en évidence par l'expérience de Sophie.**

....

....

Coup d'pouce !

Un **APPORT DE CHALEUR** (on chauffe l'eau) permet à l'eau de passer de l'état liquide à l'état gazeux.

Pour établir un **TABLEAU DE DONNÉES**, il faut commencer par déterminer quelles seront les deux grandeurs comparées. Ensuite, tu dois réfléchir à la structure que tu vas donner au tableau.

Lorsqu'on construit un **GRAPHIQUE ÉVOLUTIF**, on place souvent la grandeur temps/durée sur l'axe horizontal. Commence par déterminer l'échelle de chaque axe, les graduer et les nommer.

© Je Réussis Édition - Reproduction interdite

QUESTION N° 15

Le renard mange presque de tout. Seulement, on constate que sa nourriture est très variable selon les saisons ou son habitat.

C'est un opportuniste. Il a la particularité de profiter abondamment des ressources saisonnières à certains moments de l'année et s'adapte facilement aux variations des ressources qu'il rencontre.

- Petits mammifères
- Invertébrés
- Oiseaux
- Fruits et graines

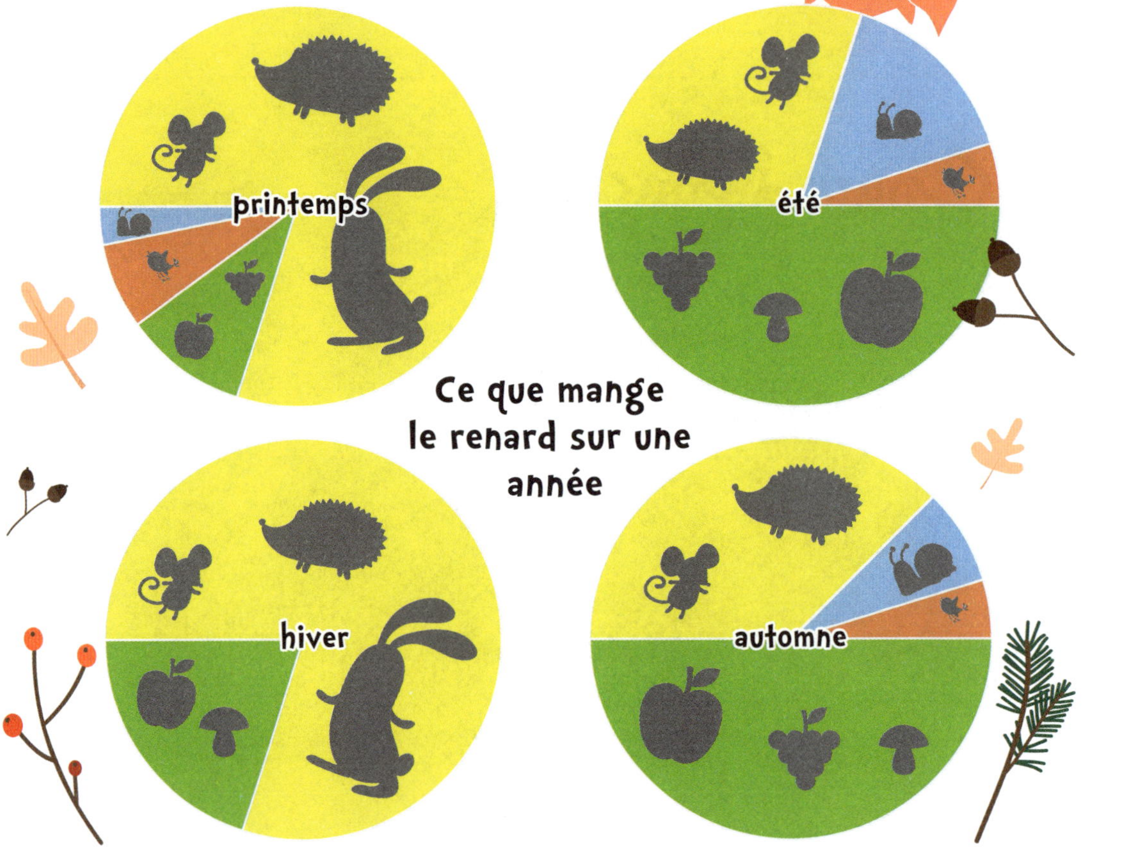

© Je Réussis Édition - Reproduction interdite

QUESTION N° 15

❶ **CITER le régime alimentaire du renard.**

....

❷ **EXPLIQUER brièvement les particularités de l'alimentation du renard au cours d'une année.**

....

....

....

....

❸ **CITER la / les saison(s) pendant laquelle/lesquelles son alimentation est à dominance carnivore.**

....

❹ **EXPLIQUER en quoi il est normal de trouver ce type de ressources à cette période de l'année.**

....

....

© Je Réussis Édition - Reproduction interdite

QUESTION N° 15

5 **CITER la / les saison(s) pendant laquelle/lesquelles son alimentation est à dominance herbivore.**

....

6 **EXPLIQUER en quoi il est normal de trouver ce type de ressources à cette période de l'année.**

....

....

Coup d'pouce !

Le renard est un **OMNIVORE**, c'est-à-dire qu'il peut manger aussi bien des proies animales que des végétaux. Seulement, son régime alimentaire est un peu particulier... à toi de le découvrir !

© Je Réussis Édition - Reproduction interdite

QUESTION N° 16

Lorsqu'on plonge un caillou dans un verre rempli d'eau, il coule.
Par contre, lorsqu'on plonge un glaçon dans un verre rempli d'eau, il flotte.
Nous avons réalisé l'expérience pour toi et avons pris les photos suivantes.

Caillou

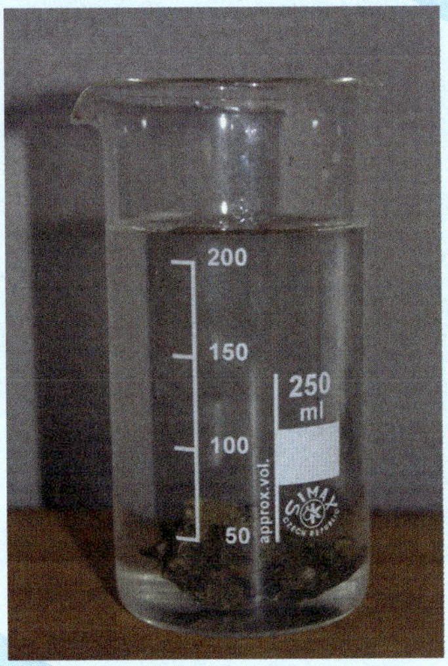

Glaçon

1 **Sur chacune des photos, REPRÉSENTER proportionnellement les forces qui entrent en jeu.**

2 **NOMMER la force qui attire le glaçon et le caillou vers le bas, vers le centre de la terre.**

....

© Je Réussis Édition - Reproduction interdite

QUESTION N° 16

Coup d'pouce !

Lorsque l'eau passe de l'état liquide à solide et devient de la glace, son **VOLUME AUGMENTE**. Le glaçon prend alors plus de place et sa masse volumique diminue. Il **FLOTTE** sur l'eau. Le glaçon est, en quelque sorte, « porté » par l'eau.

À l'inverse, un caillou qui a une masse volumique plus grande que celle de l'eau, **COULE**. Le caillou est attiré par le centre de la Terre, c'est sa force poids.

© Je Réussis Édition - Reproduction interdite

QUESTION N° 17

Des expériences sur la germination des graines ont été réalisées dans une classe de 1re secondaire. Pour chaque manipulation, les élèves ont choisi de planter quelques graines de haricot vert.

Afin de déterminer les conditions de germination d'une telle graine, ils ont fait varier différents facteurs.

1re expérience :

Déposons quelques graines sur de l'ouate. Arrosons-les raisonnablement.

Dans le premier cas, plaçons le montage à proximité d'une fenêtre et, dans le deuxième cas, dans une armoire fermée.

À proximité d'une fenêtre

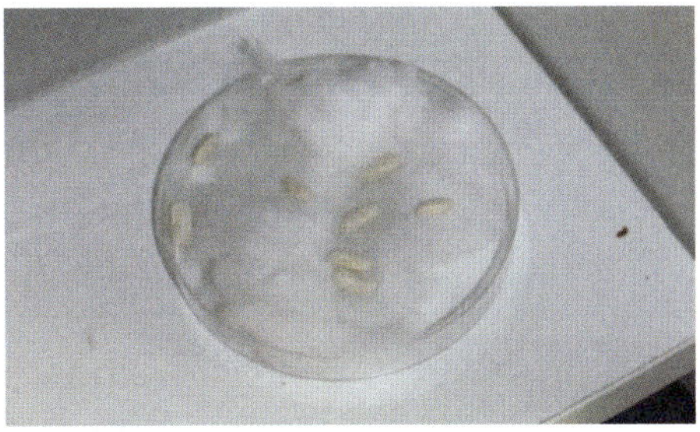

Dans une armoire fermée

2e expérience :

Déposons quelques graines sur de l'ouate et faisons varier la quantité d'eau mise à disposition.

Arrosage excessif — Aucun arrosage — Arrosage régulier

© Je Réussis Édition - Reproduction interdite

QUESTION N° 17

3e expérience :

Déposons quelques graines sur de l'ouate. Arrosons-les raisonnablement.

Dans le premier cas, plaçons le montage sur une table et, dans le deuxième cas, dans le frigo.

Sur une table, à température ambiante

Dans le frigo

Voici les résultats de leurs expériences :

		Résultats obtenus
1re expérience	Les graines sont placées près d'une fenêtre	Les graines ont germé
	Les graines sont placées dans une armoire fermée	Les graines ont germé
2e expérience	Les graines sont trop arrosées	Pas de germination
	Les graines ne sont pas arrosées	Pas de germination
	Les graines sont arrosées régulièrement	Les graines ont germé
3e expérience	Les graines sont placées au frigo à faible température	Pas de germination
	Les graines sont placées sur une table à température ambiante	Les graines ont germé

© Je Réussis Édition - Reproduction interdite

QUESTION N° 17

1 **CITER les 3 facteurs que les élèves ont fait varier.**

1 ....

2 ....

3 ....

2 **ÉNONCER les conditions de germination d'une graine de haricot vert.**

....

....

....

3 **En CONCLURE la saison de l'année pendant laquelle la germination de ce type de graine serait optimale.**

....

....

....

© Je Réussis Édition - Reproduction interdite

QUESTION N° 18

Situation délicate ! Un gros chantier de construction est à l'arrêt. Il a beaucoup plu et les entrepreneurs ne savent pas quel véhicule utiliser pour circuler sur le chantier. Ils redoutent de s'enfoncer dans la boue. Pourrais-tu les aider ?

A ☐

B ☐

C ☐

1 **COCHER le véhicule le plus adéquat pour se déplacer sur ce terrain boueux.**

2 **JUSTIFIER par 3 courtes phrases ton choix.**

....

....

....

© Je Réussis Édition - Reproduction interdite

QUESTION N° 19

COMPLÉTER les textes suivants en utilisant les mots-clés « chaleur » et « température » de manière adéquate.

« Excellent nageur, le phoque passe ses journées dans l'eau. La (A)............................ de l'eau avoisinant les -2°C, il possède une épaisse couche de graisse qui l'isole des (B)............................ extrêmes.

Le phoque a la peau foncée. Les poils captent la lumière vers sa peau noire pour l'aider à conserver la (C)............................

À sa naissance, le jeune phoque, appelé blanchon, passe de 37°C à parfois -15°C. Il grelote les quelques premières heures jusqu'à ce que son pelage soit sec. Ces tremblements génèrent une augmentation de sa (D)............................ interne. »

« La bouteille isotherme également appelée bouteille thermos permet de protéger son contenu de la (E)............................ pendant quelques temps. Celle-ci est très utile, surtout en été, lorsque la (F)............................ est élevée. »

Coup d'ponce !

La **TEMPÉRATURE** est une grandeur physique, exprimée en degrés Celsius, qui représente la mesure de la **QUANTITÉ DE CHALEUR**. Elle se mesure à l'aide d'un thermomètre.

La **CHALEUR** est une **FORME D'ÉNERGIE THERMIQUE** qu'on peut transférer d'un objet à un autre pour faire varier la température.

© Je Réussis Édition - Reproduction interdite

QUESTION N° 20

Voici deux graphiques circulaires représentant la composition de l'air inspiré et expiré.

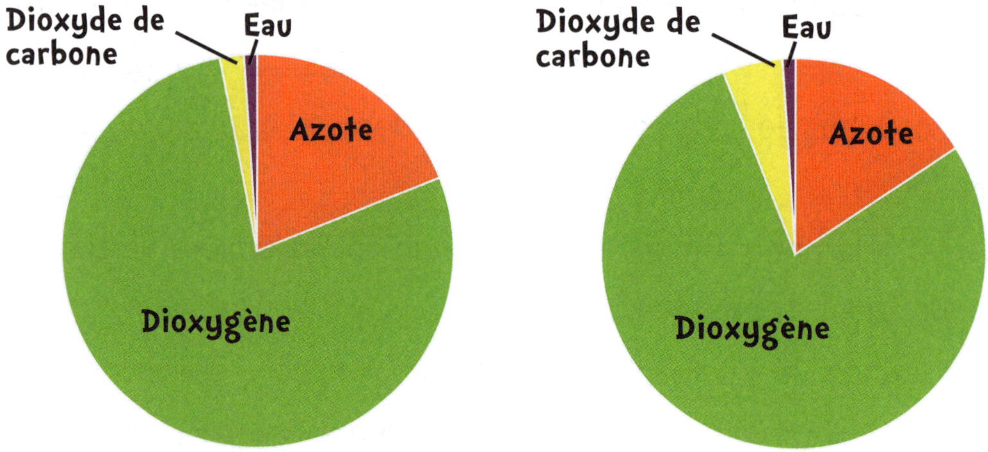

1 DONNER un titre à chaque graphique.

A .... B ....

2 OBSERVER les deux graphiques et NOTER les constatations.

....

....

....

....

....

....

© Je Réussis Édition - Reproduction interdite

QUESTION N° 20

Le shéma simplifié ci-dessous représente **une alvéole pulmonaire** et **un capillaire sanguin**.

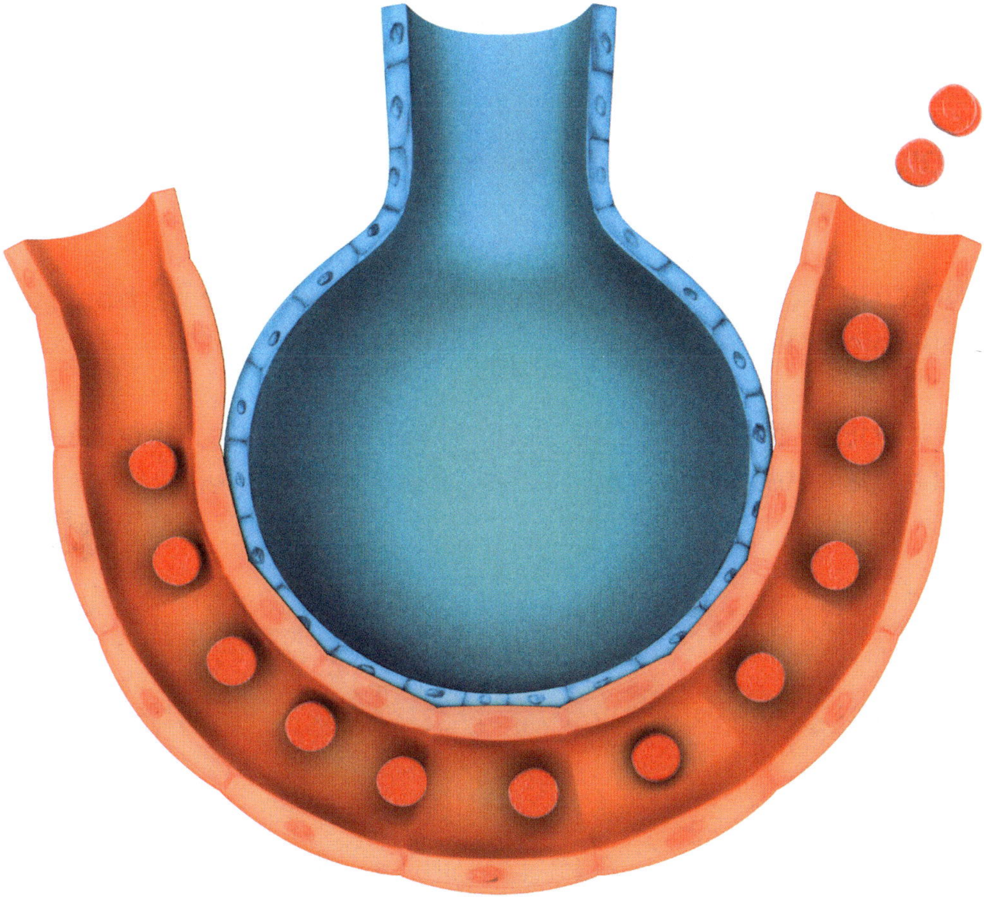

© Je Réussis Édition - Reproduction interdite

QUESTION N° 20

3 **LÉGENDER** le shéma de la page 47 à l'aide des termes suivants : sang riche en gaz carbonique, sang riche en dioxygène, alvéole pulmonaire et capillaire sanguin.

4 **INDIQUER** d'une flèche rouge l'entrée de l'air dans l'alvéole pulmonaire.

5 **INDIQUER** d'une flèche bleue la sortie de l'air de l'alvéole pulmonaire.

6 **INDIQUER** d'une flèche bleue l'échange de gaz carbonique entre l'alvéole et le capillaire.

7 **INDIQUER** d'une flèche rouge l'échange de dioxygène entre l'alvéole et le capillaire.

Coup d'pouce !

L'AIR INSPIRÉ, qui entre dans nos poumons n'a pas la même composition que **L'AIR EXPIRÉ**, qui en sort. Il va donc se produire des **ÉCHANGES GAZEUX** à l'intérieur de notre corps.

© Je ... interdite

QUESTION N° 21

Coup d'pouce!

Il peut arriver qu'un couple ne puisse pas concevoir d'enfants. Les raisons peuvent être multiples :

- L'homme ou la femme est stérile, c'est-à-dire qu'ils sont incapables de concevoir naturellement un enfant,
- La qualité des spermatozoïdes n'est pas bonne,
- Ou encore, la femme possède des barrières naturelles trop efficaces qui empêchent les spermatozoïdes d'arriver jusqu'aux ovules.

Pour remédier à ces problèmes, le couple peut avoir recours à la **PROCRÉATION MÉDICALEMENT ASSISTÉE (PMA)** :

- L'insémination artificielle ou in vivo,
- La fécondation in vitro.

Sers-toi des schémas pour distinguer les deux.

© Je Réussis Édition - Reproduction interdite

QUESTION N° 21

Fécondation in vitro :

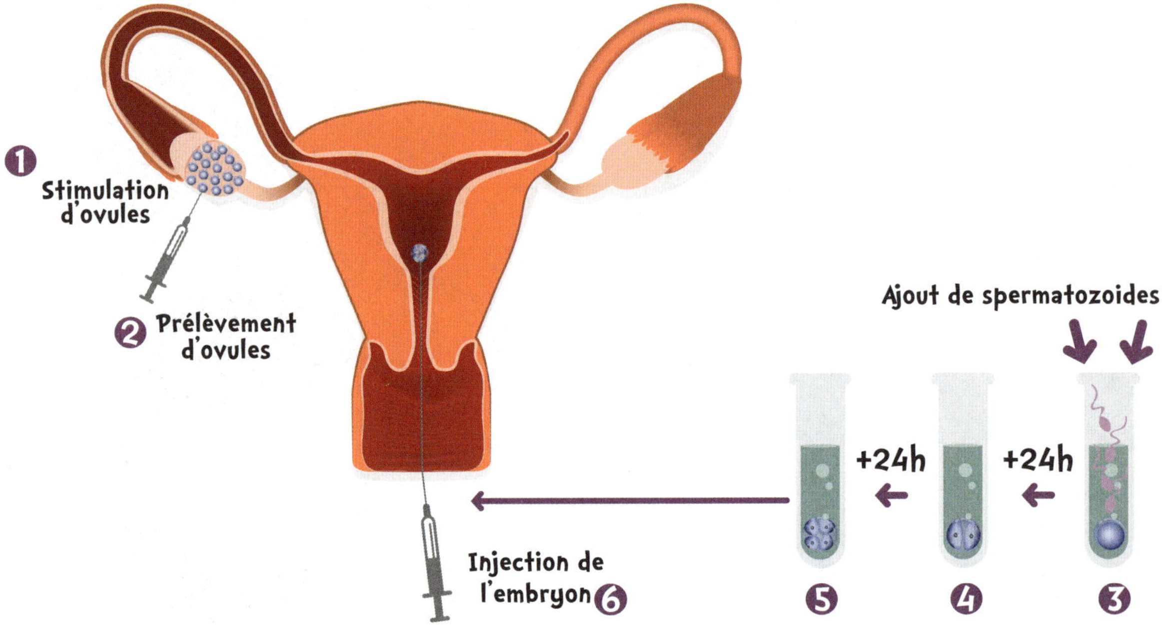

Insémination artificielle :

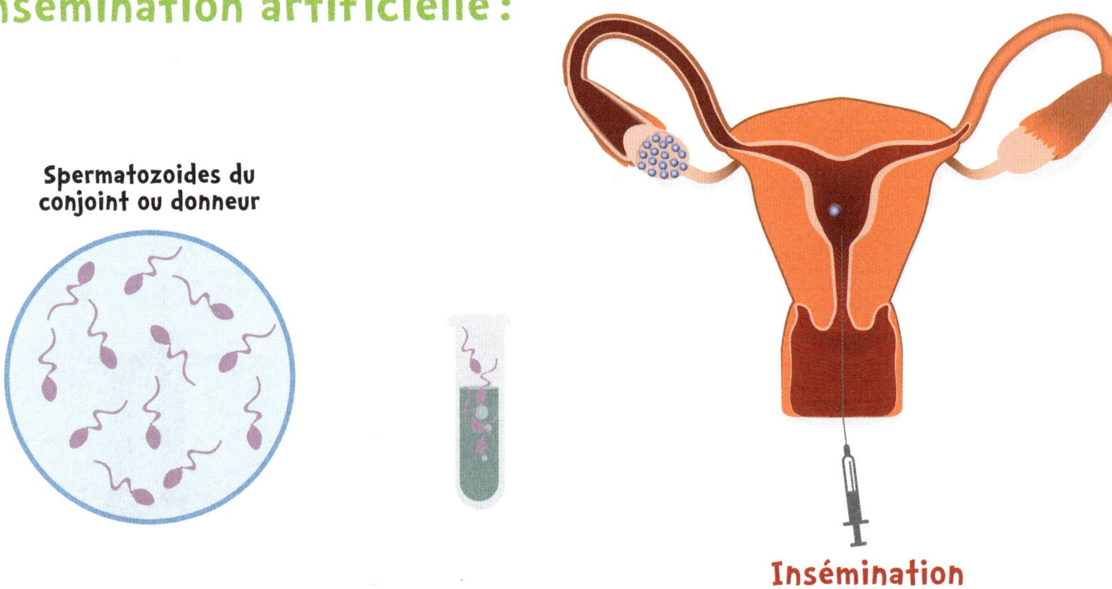

© Je Réussis Édition - Reproduction interdite

QUESTION N° 21

EXPLIQUER les grandes différences entre la fécondation in vitro et l'insémination artificielle.

....

....

....

....

....

....

....

....

....

....

....

....

© Je Réussis Édition - Reproduction interdite

QUESTION N° 22

Pour mesurer la teneur en dioxygène de l'eau, nous avons pris deux aquariums remplis uniquement d'eau. Le premier a été placé à la lumière, tandis que le second a été mis dans l'obscurité. Dans les deux cas, nous avons relevé une teneur en dioxygène de 6 mg/L.

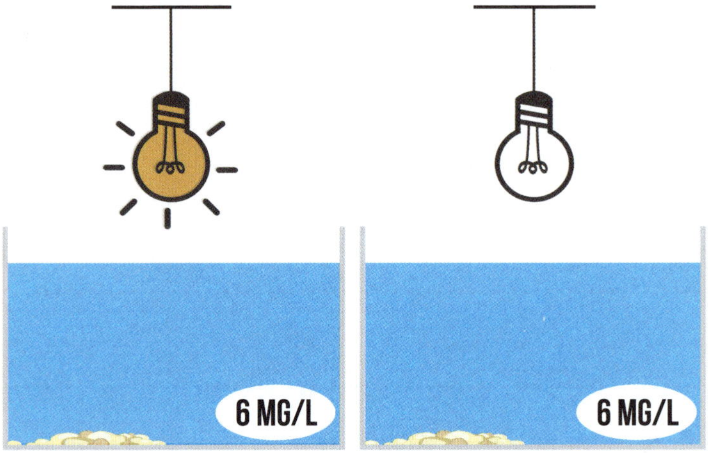

Nous avons refait l'expérience en plaçant une plante aquatique dans chacun des deux aquariums. À la lumière, la teneur en dioxygène est passée à 8mg/L, tandis que dans l'obscurité, elle est descendue à 4mg/L.

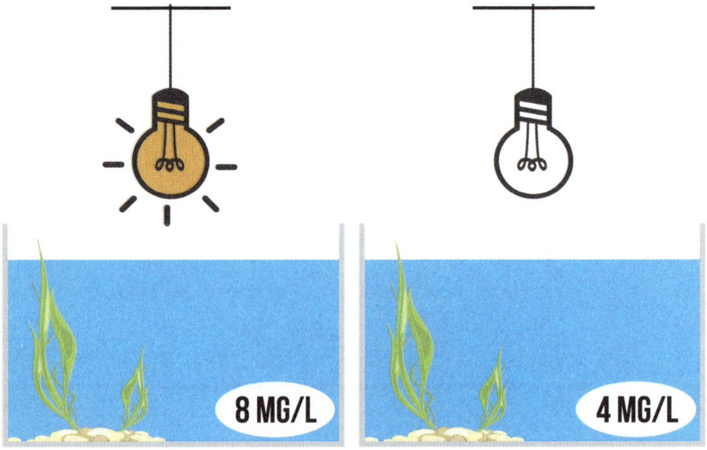

© Je Réussis Édition - Reproduction interdite

QUESTION N° 22

❶ **CONSTRUIRE un tableau de mesures permettant de comparer les teneurs en dioxygène dans les deux aquariums en fonction des différentes conditions.**

❷ **TIRER une brève conclusion de cette expérience.**

....

....

....

....

....

....

....

....

© Je Réussis Édition - Reproduction interdite

QUESTION N° 22

Coup d'pouce !

Les plantes sont **AUTOTROPHES**.

Elles réalisent la **PHOTOSYNTHÈSE** pour créer leurs propres matières nutritives. Pour cela, elles captent l'énergie solaire et le gaz carbonique par les feuilles et puisent l'eau et les sels minéraux dans le sol.

Ce mécanisme permet la libération de **DIOXYGÈNE** et la fabrication de matières nutritives, sous forme de glucose (sucre).

© Je Réussis Édition - Reproduction interdite

QUESTION N° 23

Voici un montage permettant d'expliquer les phénomènes d'inspiration et d'expiration chez l'Homme.

Modélisation de l'appareil respiratoire

© Je Réussis Édition - Reproduction interdite

QUESTION N° 23

1 ÉTABLIR un parallélisme entre les différentes parties du montage et les parties de notre système respiratoire.

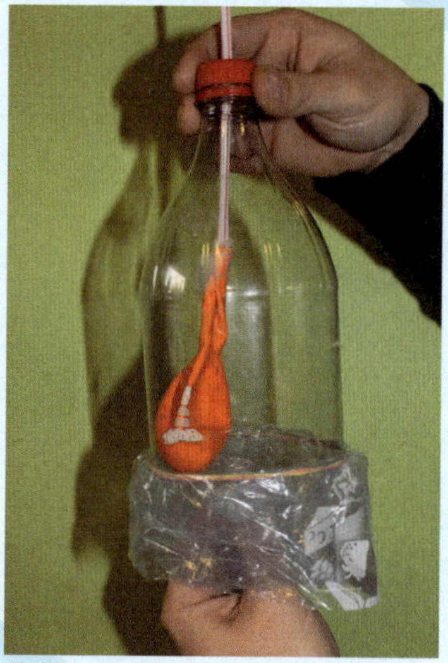

MONTAGE EXPÉRIMENTAL	SYSTÈME RESPIRATOIRE HUMAIN
Le / les ballon(s)	A ....
Bouteille	B ....
Pailles	C ....
Membrane plastique	D ....

© Je Réussis Édition - Reproduction interdite

QUESTION N° 23

À présent, faisons fonctionner le montage :

2 OBSERVER et DÉCRIRE ce qu'il se passe lorsqu'on tire la membrane plastique vers le bas.

....

....

....

....

....

....

....

3 Dans le premier cas, lorsque la membrane plastique est tirée vers le bas, COCHER les affirmations correctes.

- ☐ Le volume de la cage thoracique augmente.
- ☐ Le volume de la cage thoracique diminue.
- ☐ Le volume de la cage thoracique reste identique.
- ☐ Le volume des poumons augmente.
- ☐ Le volume des poumons diminue.
- ☐ Le volume des poumons reste identique.
- ☐ L'air rentre dans les poumons.
- ☐ L'air sort des poumons

© Je Réussis Édition - Reproduction interdite

QUESTION N° 23

4 OBSERVER et DÉCRIRE ce qu'il se passe lorsqu'on relâche la membrane plastique et la pousse vers le haut.

....

....

....

....

....

....

....

....

5 Dans le deuxième cas, lorsque la membrane plastique est poussée vers le haut, COCHER les affirmations correctes.

- ☐ Le volume de la cage thoracique augmente.
- ☐ Le volume de la cage thoracique diminue.
- ☐ Le volume de la cage thoracique reste identique.
- ☐ Le volume des poumons augmente.
- ☐ Le volume des poumons diminue.
- ☐ Le volume des poumons reste identique.
- ☐ L'air rentre dans les poumons.
- ☐ L'air sort des poumons.

© Je Réussis Édition - Reproduction interdite

QUESTION N° 23

6 **FLÉCHER, sur le schéma illustrant l'expiration, la sortie de l'air. Et, sur le schéma illustrant l'inspiration, l'entrée de l'air dans l'organisme.**

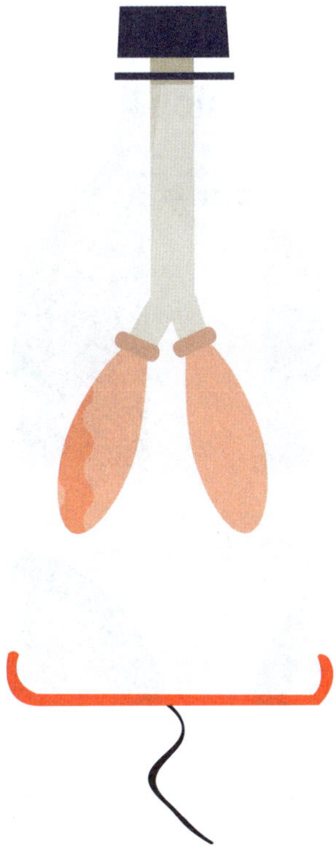

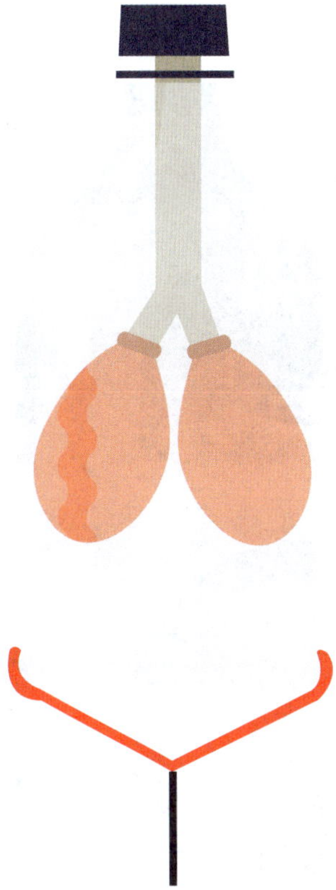

Coup d'pouce!

Avec du matériel simple, il est possible de représenter le système respiratoire pulmonaire. La maquette permet de mettre en avant le **RÔLE DU DIAPHRAGME**.

© Je Réussis Édition - Reproduction interdite

QUESTION N° 24

OBSERVER le document.

Remarque : le liquide utilisé dans cette expérience est de l'eau colorée.

© Je Réussis Édition - Reproduction interdite

QUESTION N° 24

Dans chaque cas, COCHER la bonne réponse.

On place un récipient contenant 70 ml d'eau colorée et ayant une masse totale de 15g dans le congélateur.

A À sa sortie du congélateur, la masse sera de :

- ☐ 13 g
- ☐ 15 g
- ☐ 17 g

B À sa sortie du congélateur, le volume sera de :

- ☐ 68 ml
- ☐ 70 ml
- ☐ 72 ml

C Lorsque la glace sera décongelée, le volume sera de :

- ☐ 68 ml
- ☐ 70 ml
- ☐ 72 ml

Coup d'pouce !

Et oui, pour un même volume de départ, l'eau solide prend plus de place que l'eau liquide...

© Je Réussis Édition - Reproduction interdite

QUESTION N° 25

Les photos suivantes te présentent différents corps :

Béton

Chocolat chaud

Eau grenadine

Marée noire

Huile + eau

Eau boueuse

Verre de vin

Cuivre pur

© Je Réussis Édition - Reproduction interdite

QUESTION N° 25

Parmi ces corps :

1 CITER les mélanges hétérogènes.

....

....

2 CITER l'élément qui t'a permis d'affirmer qu'ils étaient des mélanges hétérogènes.

....

....

3 NOMMER l'autre type de mélange.

....

....

4 CITER l'élément qui n'a pas été classé précédemment.

....

....

5 CITER le nom donné à ce type de corps.

....

....

© Je Réussis Édition - Reproduction interdite

QUESTION N° 25

En prélevant un échantillon d'eau de rivière, voici ce qu'on obtient :

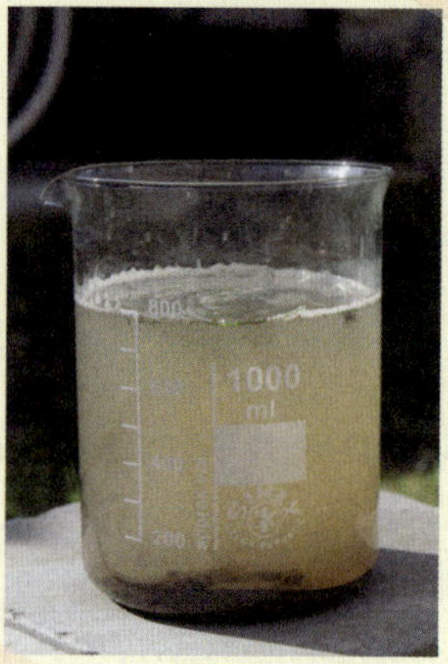

6 **Si on veut séparer les différents constituants du mélange, CITER le nom de la technique de séparation illustrée ci-dessus.**

....

....

7 **Pour s'assurer de retirer les dernières saletés de l'eau, CITER le nom d'une autre technique qui pourrait suivre la première.**

....

....

....

© Je Réussis Édition - Reproduction interdite

QUESTION N° 25

8 **Penses-tu qu'à présent l'eau soit potable ? ARGUMENTER.**

....

....

....

....

....

....

....

Coup d'pouce !

Il existe deux types de mélanges :

- Les **MÉLANGES HOMOGÈNES** dont on ne distingue pas les différents constituants à l'œil nu,

- Les **MÉLANGES HÉTÉROGÈNES** dont on distingue clairement les différents constituants à l'œil nu.

Il est parfois nécessaire, pour épurer une substance, d'avoir recours à différentes **TECHNIQUES DE SÉPARATION** de mélanges : aimantation, distillation, filtration, décantation,...

© Je Réussis Édition - Reproduction interdite

QUESTION N° 26

Dans un cylindre gradué, on mélange 50 ml d'eau et 50 ml d'éthanol, un alcool. Les deux liquides forment un mélange homogène.

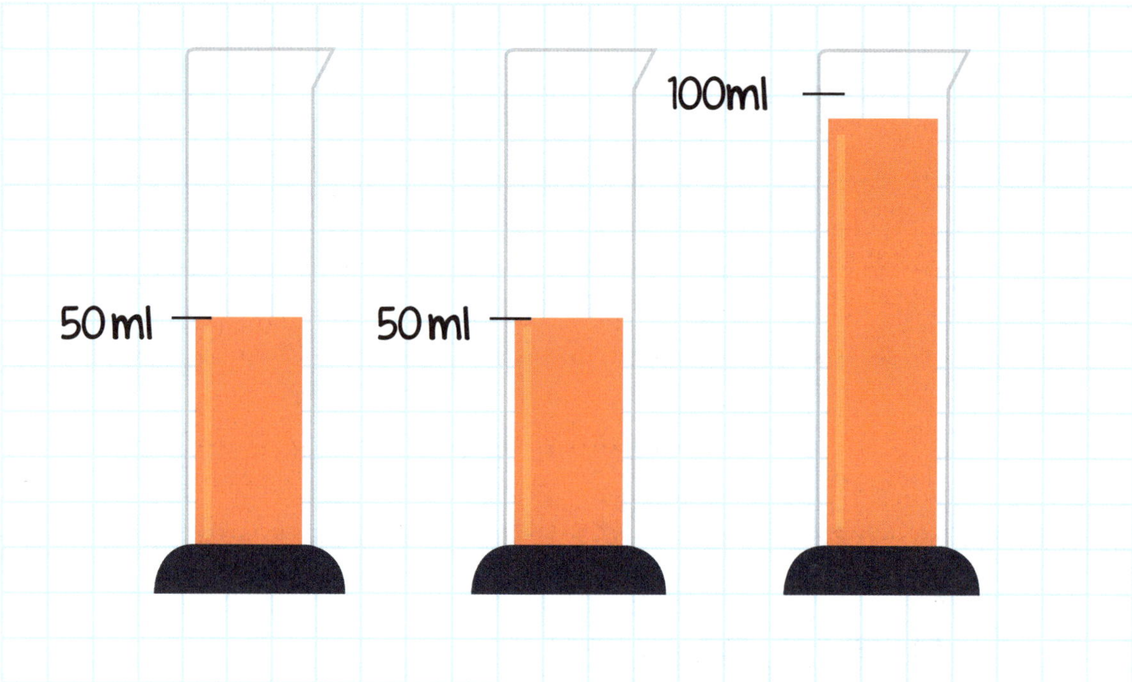

1 Pour chaque énoncé, ENTOURER « vrai » ou « faux » :

A La masse du mélange est égale à la somme des masses des deux liquides.

VRAI - FAUX

B Le volume du mélange est égal à la somme des volumes des deux liquides.

VRAI - FAUX

© Je Réussis Édition - Reproduction interdite

QUESTION N° 26

❷ Qu'est-ce qui permet d'expliquer une telle observation ?

Alex et Djibril en ont une petite idée... seulement, ils ont des avis bien différents sur le sujet !

Selon toi, l'affirmation d'Alex est :

Correcte car ....

....

Mais, incomplète car ....

....

Ou, incorrecte car ....

....

Certaines parties de cette question peuvent rester sans réponse.

Coup d'pouce !

SURPRENANT MÉLANGE !

50 ml d'eau + 50 ml d'eau = 100 ml d'eau pourtant ! Alors, pourquoi n'en va-t-il pas de même pour le mélange eau-alcool ?

© Je Réussis Édition - Reproduction interdite

QUESTION N° 27

Voici une tasse de café noir.

Pour préparer un bon café, il faut un filtre à café, de **L'EAU BOUILLANTE** et du **CAFÉ MOULU**. L'eau et le café moulu mélangés vont être filtrés. Une partie des molécules traversera le filtre et formera le café passé (mélange d'eau et de café moulu dissout).

Le **MARC DE CAFÉ** est le résidu solide (et mouillé) de café moulu qui reste dans le filtre après la filtration et, parfois même, dans le fond de la tasse vide.

Au final, que restera-t-il dans le filtre ? Qu'est-ce qu'il y aura dans la tasse ?

© Je Réussis Édition - Reproduction interdite

QUESTION N° 27

COMPLÉTER le schéma suivant pour qu'il représente correctement le modèle moléculaire de la dernière étape de la filtration du café, après le passage du mélange dans le filtre.

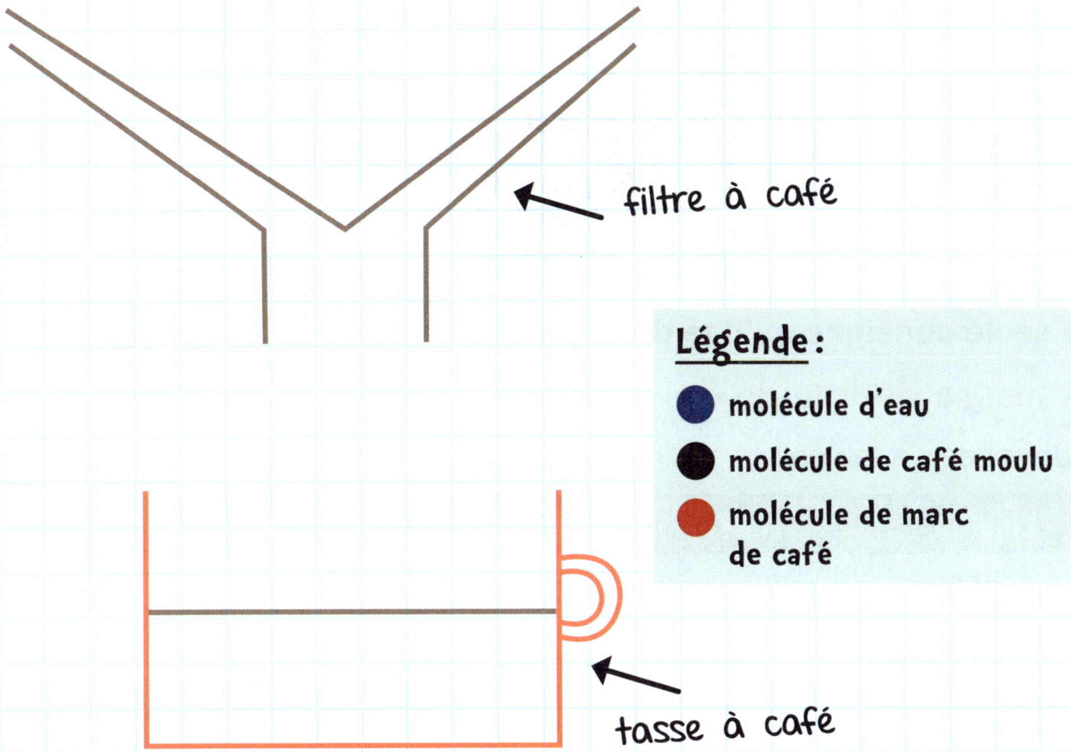

Coup d'pouce !

Il existe de nombreuses façons de représenter une molécule. La plus courante est de la représenter par des **RONDS DE COULEURS**. Cette modélisation doit tenir compte des propriétés de la matière.

© Je Réussis Édition - Reproduction interdite

QUESTION N° 28

Ton professeur te demande de remplir trois cylindres gradués avec de l'eau, de l'huile et de la glycérine.

La seule consigne qu'il te donne est la suivante :

La masse de liquide doit être la même dans chaque cylindre.

Aide-toi de ce tableau.

Liquide	Masse volumique (kg/m^3)	Flotte-t-il sur l'eau ?
Acétone	790	Oui
Acide	1 049	Non
Eau	1000	Non
Eau de mer	1 030	Non
Essence	750	Oui
Ethanol	789	Oui
Ether	710	Oui
Glycérine	1 260	Non
Huile	920	Oui
Lait	1 030	Non
Sang	1 060	Non

© Je Réussis Édition - Reproduction interdite

QUESTION N° 28

TRACER approximativement le niveau d'huile et de glycérine dans les récipients afin d'obtenir la même masse que celle de l'eau.

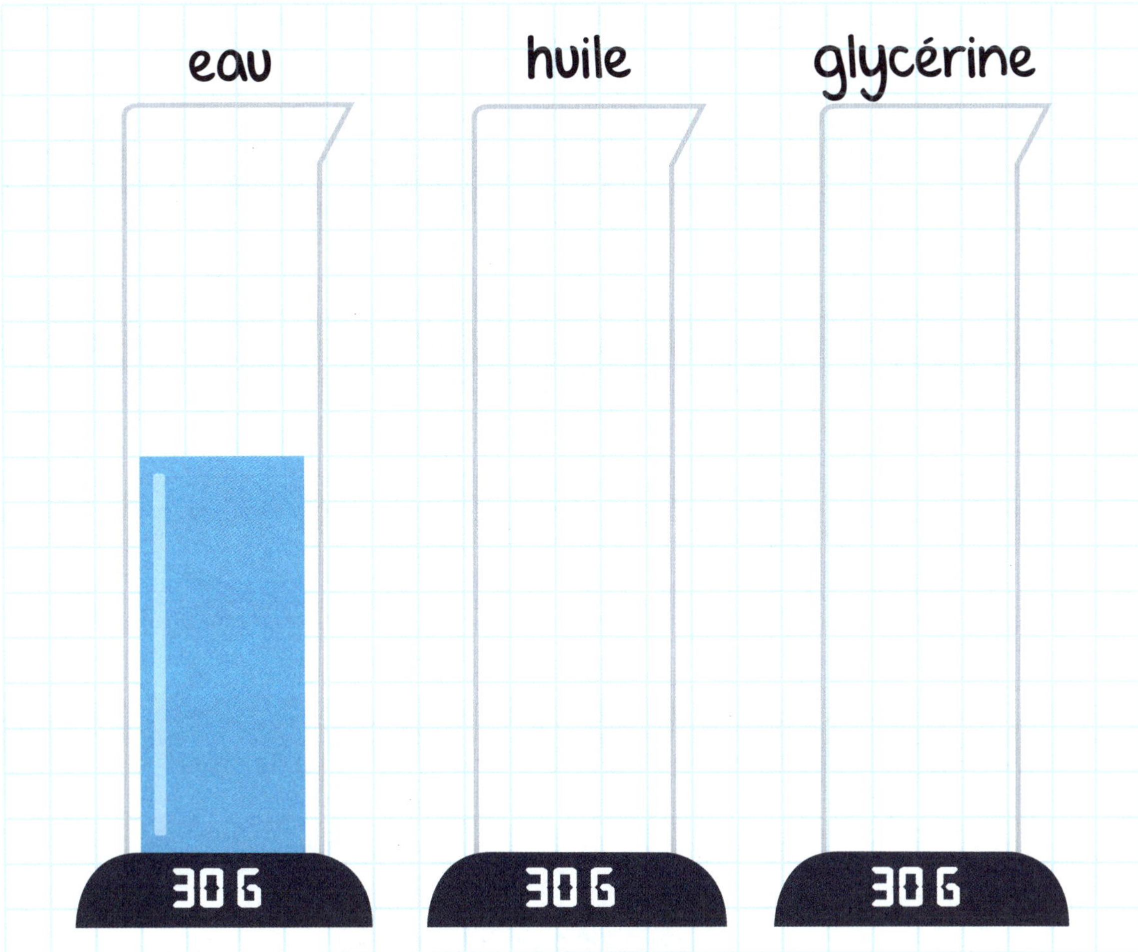

© Je Réussis Édition - Reproduction interdite

QUESTION N° 28

Coup d'pouce !

La **MASSE VOLUMIQUE** d'un liquide est le rapport entre la **MASSE** de ce liquide, en kilogrammes, et son **VOLUME**, en mètres cube :

$$\rho = \frac{m}{V}$$

ρ en $\frac{kg}{m^3}$; m en kg ; V en m^3

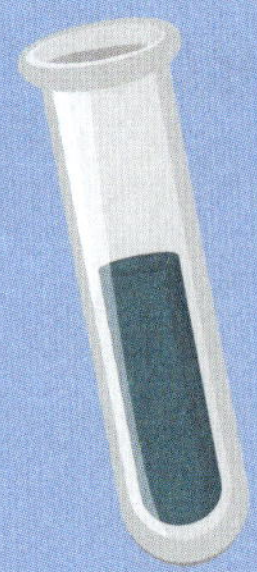

La masse volumique est une caractéristique propre à un matériau. Par exemple, la masse volumique de l'eau vaudra toujours approximativement 1000 kg/m³, celle de l'aluminium 2700 kg /m³,...

Pour qu'un liquide **FLOTTE** sur un autre, il faut que la masse volumique du premier soit plus **PETITE** que celle du second.

© Je Réussis Édition - Reproduction interdite

QUESTION N° 29

Tu as certainement déjà pu observer l'expérience suivante :

Il s'agit de prendre un verre rempli d'eau à ras-bord, de placer un carton au-dessus et de le retourner. On peut alors constater que le carton « colle » au verre.

1 Que veut-on montrer en réalisant cette expérience ?
COCHER, à chaque fois, la proposition qui convient le mieux.

- ☐ L'eau aspire le carton.
- ☐ L'air tient le carton collé au verre.

- ☐ La force exercée par l'air est plus grand que la force exercée par l'eau.
- ☐ La force exercée par l'air est plus petite que la force exercée par l'eau.

© Je Réussis Édition - Reproduction interdite

QUESTION N° 29

2 Sur le deuxième schéma, TRACER, en vert la force exercée par l'eau sur le carton, et, en bleu, la force exercée par l'air sur le carton.

Tu ne tiendras pas compte du poids du carton.

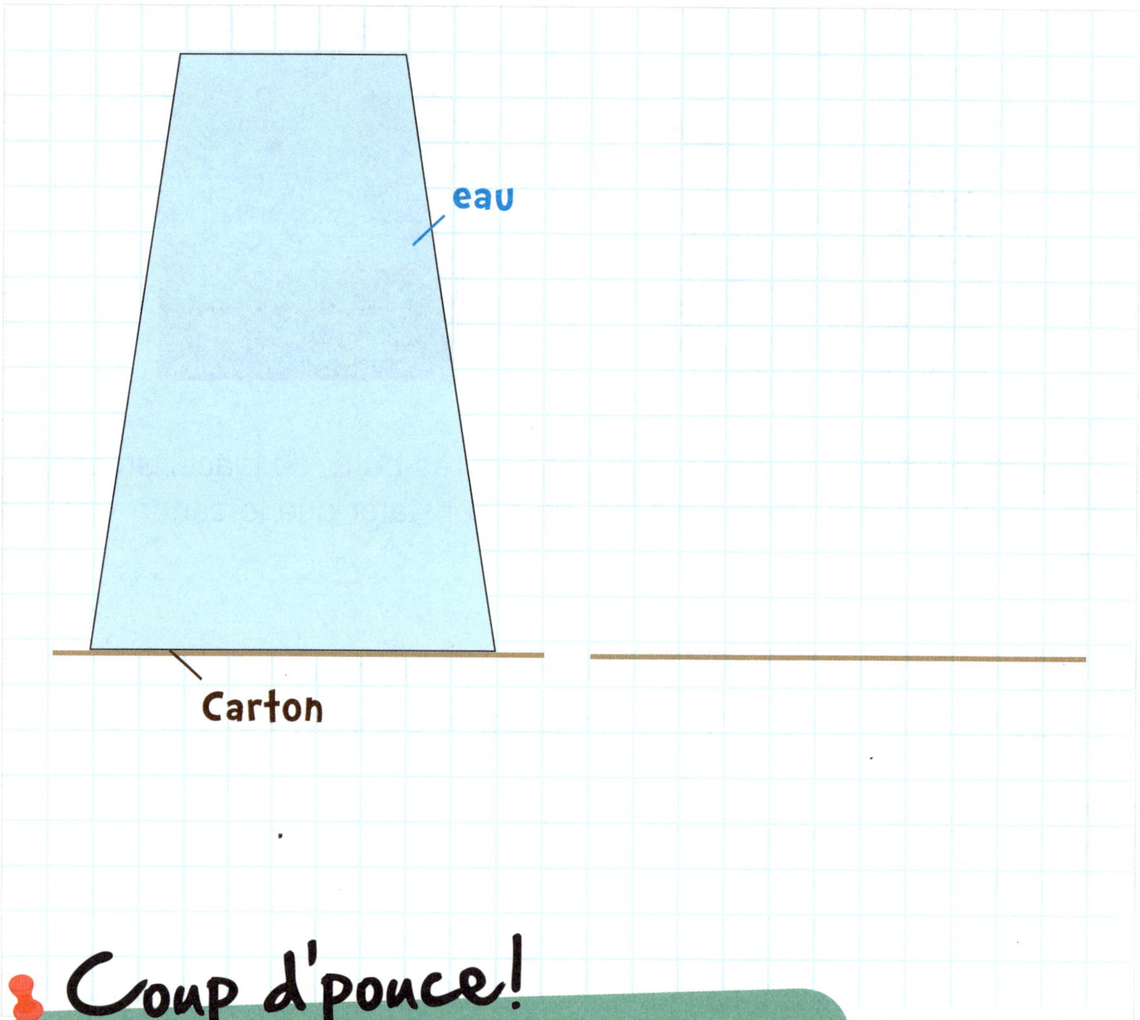

Coup d'pouce!

Mise en évidence de la pression atmosphérique.

© Je Réussis Édition - Reproduction interdite

QUESTION N° 30

Voici les graphiques illustrant les 6 changements d'état.

Pour chacun, NOMMER le changement d'état représenté.

A

....

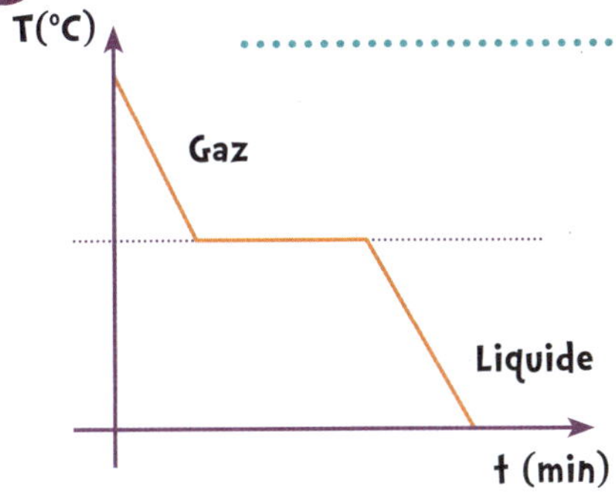

B

....

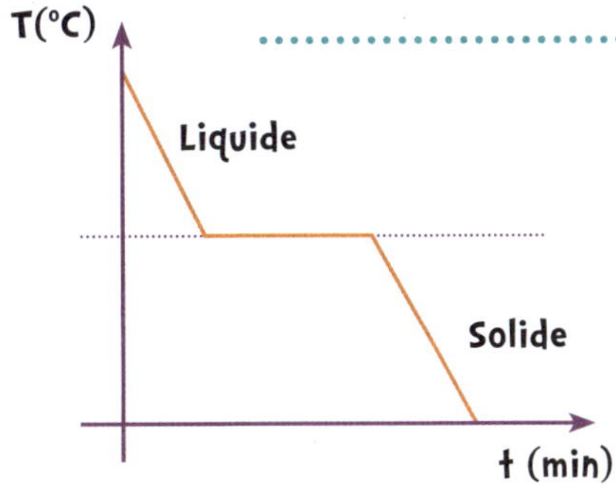

C

....

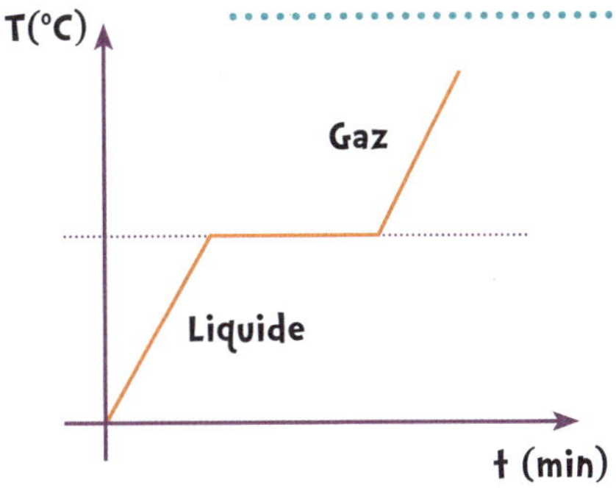

D

....

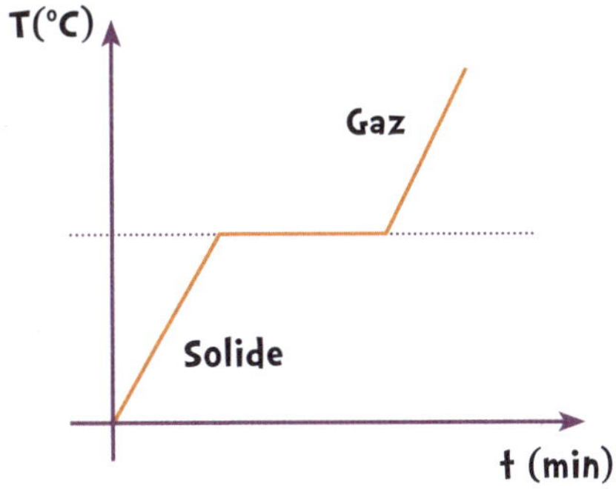

E

....

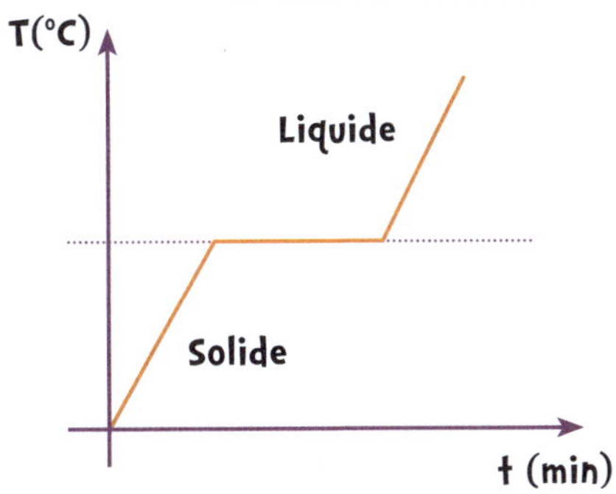

F

....

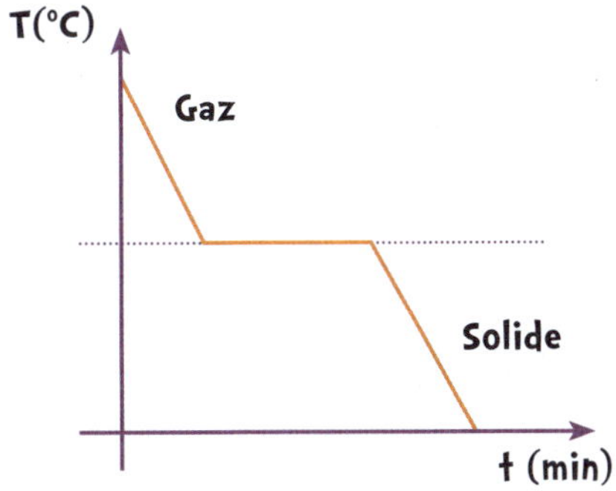

© Je Réussis Édition - Reproduction interdite

QUESTION N° 30

Coup d'pouce !

Lors d'un **CHANGEMENT D'ÉTAT**, il est possible de relever la température du corps au cours du temps.

En remettant ces données sur un graphique évolutif, on peut obtenir **6 GRAPHIQUES** différents selon le changement d'état observé.

Un graphique qui illustre un changement d'état est caractérisé par la présence d'un **PALIER** qui représente le moment où le corps change d'état. Pendant ce temps, la température reste la même.

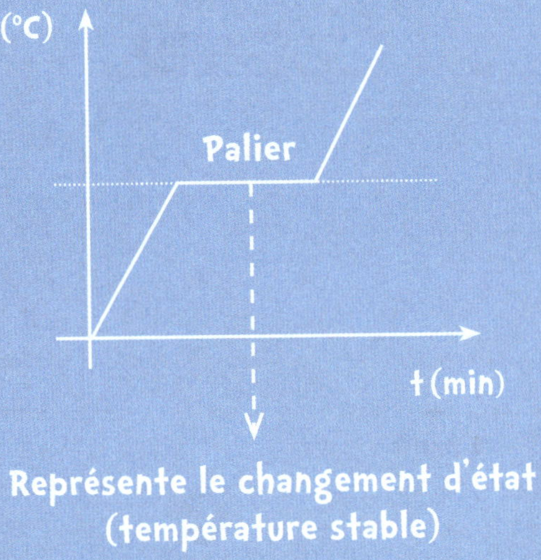

Pour réaliser cet exercice, souviens-toi qu'un graphique se lit de gauche à droite. Ensuite, détermine correctement l'état initial de l'eau et son état final.

© Je Réussis Édition - Reproduction interdite

QUESTION N° 31

Les forces sont partout autour de nous. Sans s'en rendre compte, notre corps est constamment soumis à plusieurs forces.

Toutefois, on ne peut pas les voir. Une force est invisible. Par contre, on peut percevoir ses effets. Il existe 3 types d'effets différents.

OBSERVER les situations suivantes et les CLASSER, dans le tableau, selon leur effet.

1

Écraser une bouteille / canette

2

Un sprinteur démarre

3

Sauter sur un trampoline

4

Écraser de la plasticine

5
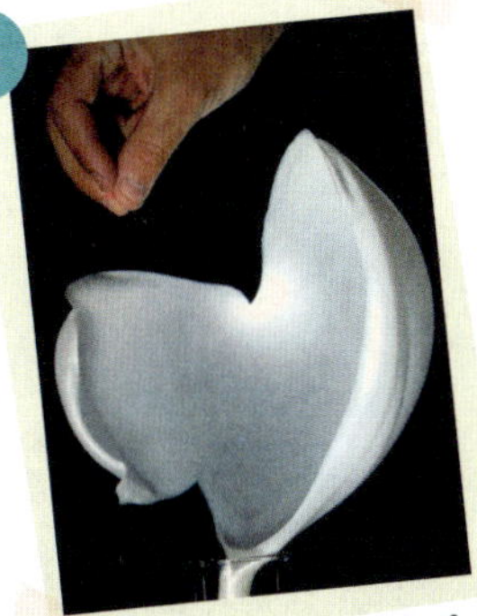
Faire éclater un ballon

6

Un ballon de football ricoche contre un mur

Paolo Bona / Shutterstock.com

© Je Réussis Édition - Reproduction interdite

QUESTION N° 31

7 Un accident de voiture

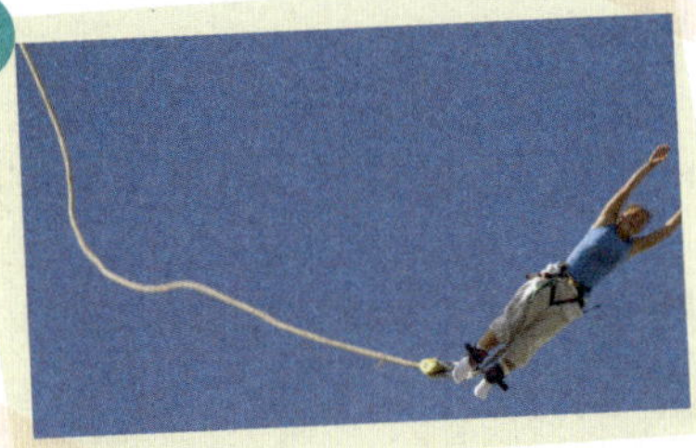

8 Déformer un élastique

Changement de vitesse	Déformation		Changement de direction/sens
	Temporaire	Permanente	

Coup d'pouce!

Une **FORCE** est toute cause capable de déformer, de mettre en mouvement et/ou de modifier la direction/sens d'un objet.

Une force est **INVISIBLE**.

Cependant, on peut percevoir ses **EFFETS**.

© Je Réussis Édition - Reproduction interdite

QUESTION N° 32

Voici un schéma de synthèse mettant en relation les systèmes respiratoire, digestif et circulatoire.

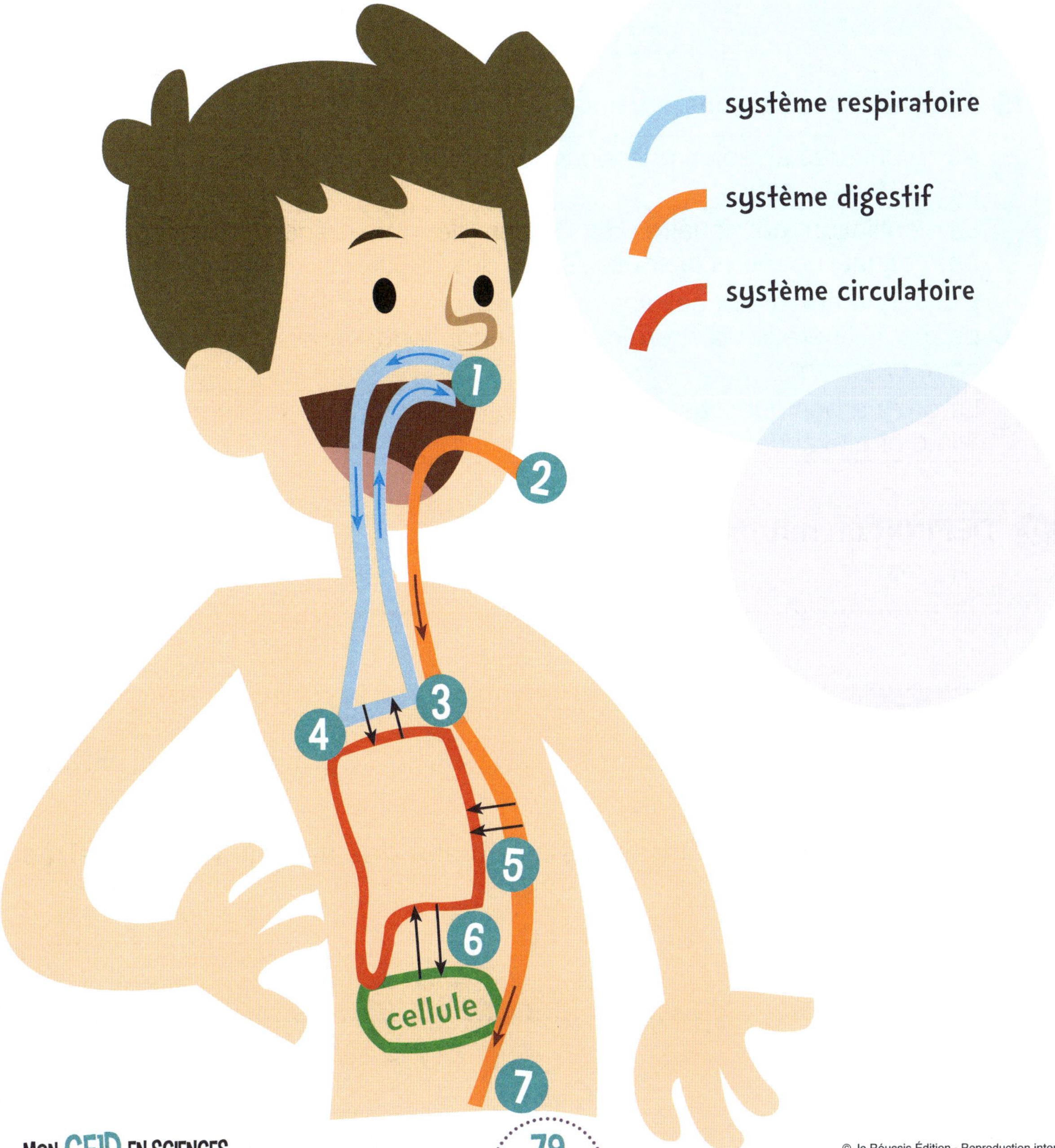

© Je Réussis Édition - Reproduction interdite

QUESTION N° 32

1 COMPLÉTER les pointillés par le numéro correspondant à la légende proposée.

LÉGENDE	NUMÉRO
A Au niveau des intestins, les nutriments passent dans le sang.	....
B Au niveau des alvéoles pulmonaires, le dioxygène de l'air passe dans le sang.	....
C La ventilation pulmonaire est l'ensemble des mécanismes permettant l'entrée et la sortie de l'air des poumons.	....
D L'oxygène arrive aux cellules et, en présence des nutriments, permet la libération d'énergie, utile au bon fonctionnement de notre organisme.	....
E Le gaz carbonique passe du sang aux alvéoles pulmonaires afin d'être évacué de l'organisme.	....

2 DÉFINIR un nutriment.

....

....

....

3 CITER les deux gaz échangés au niveau des alvéoles pulmonaires.

1 ....

2 ....

© Je Réussis Édition - Reproduction interdite

QUESTION N° 32

Coup d'pouce!

Le corps humain est un **ENSEMBLE DE SYSTÈMES** liés entre eux où chacun assume un rôle bien défini.

Cet exercice met en relation 3 systèmes humains :

- Le **SYSTÈME CIRCULATOIRE** qui irrigue l'organisme en sang et véhicule les éléments plus ou moins importants,
- Le **SYSTÈME RESPIRATOIRE** qui assure l'arrivée du dioxygène dans l'organisme et l'évacuation du gaz carbonique,
- Le **SYSTÈME DIGESTIF** qui fournit à l'organisme des nutriments.

Une fois dans le sang, les nutriments et le dioxygène seront amenés aux cellules où ils seront transformés en gaz carbonique, en déchets et en **ÉNERGIE**, permettant au corps de fonctionner.

© Je Réussis Édition - Reproduction interdite

QUESTION N° 32

4 Tu t'es peut-être déjà rendu compte que le sang n'avait pas toujours la même couleur...

En effet, plus il sera chargé en dioxygène et plus sa couleur sera rouge vif. À l'inverse, moins il contiendra d'oxygène et plus il deviendra foncé. La couleur du sang est donc très fortement liée à la quantité de dioxygène qu'il contient.

Sur base de ces observations, COLORIER les échantillons sanguins suivants. Rouge foncé ou rouge vif ?

A

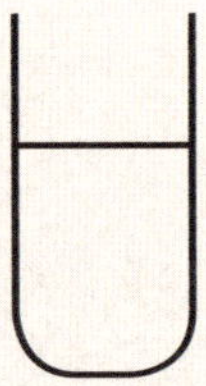

Sang prélevé à la sortie des poumons

B

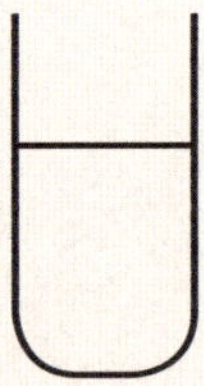

Sang prélevé à l'entrée des poumons

C

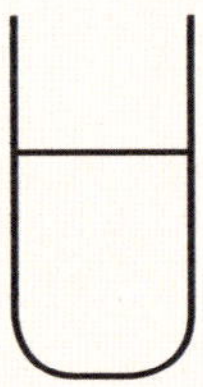

Sang prélevé à la sortie du biceps, muscle du bras

D

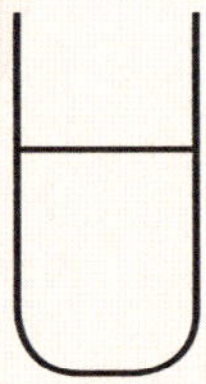

Sang prélevé à l'entrée du biceps, muscle du bras

© Je Réussis Édition - Reproduction interdite

CORRIGÉS

QUESTION 1 P. 2-4

1 A Énergie thermique / chaleur
B Énergie chimique
C Énergie éléctrique
D Énergie thermique / chaleur
E Énergie lumineuse

2 A Énergie thermique / chaleur
B Énergie solaire
C Énergie thermique

QUESTION 2 P. 5-6

A Liquide
B Solide
C Liquide (fines goutellettes) - solide (cristaux de glace)
D Solide
E Solide
F Liquide
G Gazeux
H Liquide

QUESTION 3 P. 7-8

1 L'eau GLAGLA est bien un mélange car elle est constituée d'un ensemble d'éléments différents : Calcium, Magnésium...

2 Deuxième shéma

QUESTION 4 P. 9-10

L'étiquette n'est pas correcte. Elle indique un poids de 4 x 70 g. Or, le gramme est l'unité de la masse. Il faudrait corriger l'étiquette en remplaçant «poids net» par «masse nette».

QUESTION 5 P. 11-12

Sublimation
Car c'est le passage de l'état solide à l'état gazeux.

© Je Réussis Édition - Reproduction interdite

CORRIGÉS

QUESTION 6 P. 13

1 A Énergie électrique / chimique
B Énergie lumineuse
C Énergie thermique / chaleur
D Énergie électrique
E Énergie mécanique (mouvement)
F Énergie thermique / chaleur

QUESTION 7 P. 14-15

1 1 Les joueurs
2 Les supporters assis
3 Les supporters debouts

2 A Supporters assis
B Les supporters debouts
C Les joueurs

QUESTION 8 P. 16-17

1-6-3-2-7-4-5

QUESTION 9 P. 18-21

1 100 g → 1 N
1 g → 0,01 N
53000 g → 530 N F_{Tim} = **530 N**

2 B F_{Marc} = **450 N**
C F_{Daniel} = **480 N**
D F_{Marie} = **450 N**

3 C'est Marie.

© Je Réussis Édition - Reproduction interdite

CORRIGÉS

4 Car Marie est celle qui, en plus de posséder la plus petite force pressante (et donc la plus petite masse), possède les plus grands pieds.
Or, pour éviter de s'enfoncer, il faut exercer un petite pression. Pour cela, il faut donc diminuer la force pressante (Marie est celle qui possède la plus petite masse et donc, la plus petite force pressante) et augmenter la surface de contact avec le sol (grands pieds).

QUESTION 10 P. 22-24

1

La surface diminue	La surface augmente
Lame de couteau	Pattes de grenouille
Canines de chat	Chenilles de grue
Pointes de clous	Raquettes de neige
Hauts talons	

2 Première et quatrième proposition.

3 La surface de contact (pointe de la punaise et plat).

QUESTION 11 P. 25-28

1 Cuzco au Pérou.

2 Pour battre son record de saut en hauteur, le sportif doit choisir un lieu où son poids sera le plus faible afin d'être le moins attiré. Or, pour cela, il faut qu'il soit le plus éloigné du centre de la Terre. Il devra donc se trouver en haute altitude et à proximité de l'équateur. Cuzco rentre donc dans ces deux critères.

QUESTION 12 P. 29

1 A et D.

© Je Réussis Édition - Reproduction interdite

CORRIGÉS

2

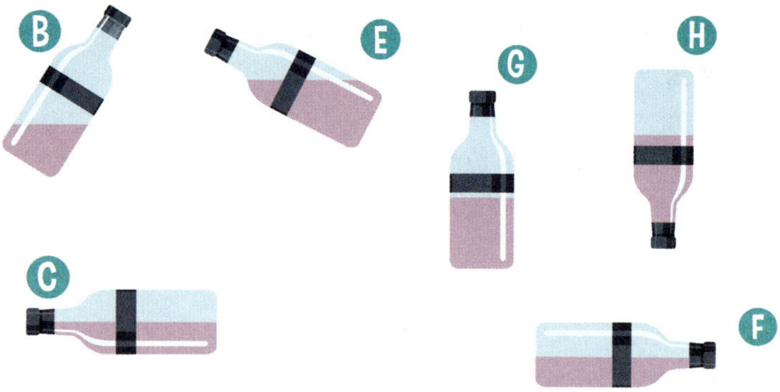

QUESTION 13 P. 30-31

1 - Le volume d'eau de départ est identique dans les deux récipients.
- Dans les deux situations, le niveau d'eau baisse après quelques jours.
- Le niveau d'eau est plus bas lorsque le récipient est placé sur le radiateur.

2 L'apport de chaleur (présence du radiateur).

QUESTION 14 P. 32-35

1

Temprérature de l'eau en °C	Temps	
	en heures	en minutes
25 °C	14h	0
75 °C	14h05	5
100 °C	14h10	10
100 °C	14h15	15
100 °C	14h20	20
100 °C	14h25	25

© Je Réussis Édition - Reproduction interdite

CORRIGÉS

2

Graphique évolutif représentant la température de l'eau en fonction du temps

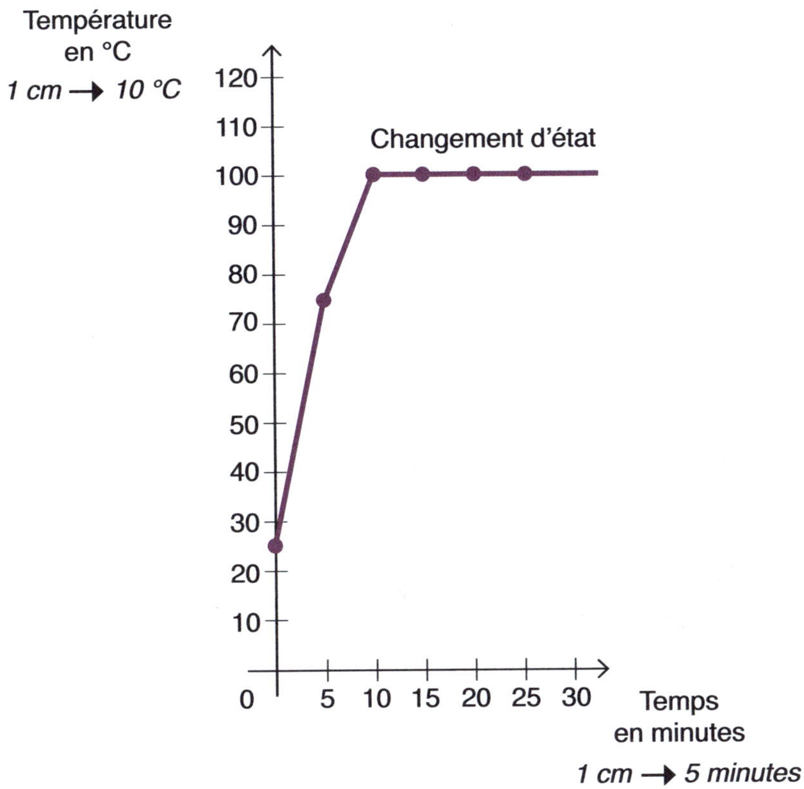

3 Un changement d'état pendant lequel la température reste la même.

4 C'est la vaporisation ou, dans ce cas-ci, l'ébullition.

QUESTION 15 P. 36-38

1 Le renard est omnivore. C'est-à-dire qu'il mange des aliments d'origine animale et végétale.

2 Il est opportuniste. Il profite des ressources saisonnières et adapte son alimentation en fonction de ce qu'il trouve dans son environnement.

© Je Réussis Édition - Reproduction interdite

CORRIGÉS

3 Le printemps.

4 C'est au printemps que les animaux sortent d'hibernation et que les premiers insectes font leur apparition après l'hiver. En effet, les insectes, par exemple, sont quasi absents en hiver.

5 L'été et l'automne.

6 Grâce à la chaleur qu'elles apportent, c'est à ces périodes de l'année que les fruits et légumes sont les plus abondants.

QUESTION 16 P. 39-40

1

- F. eau
- F. poids

Caillou

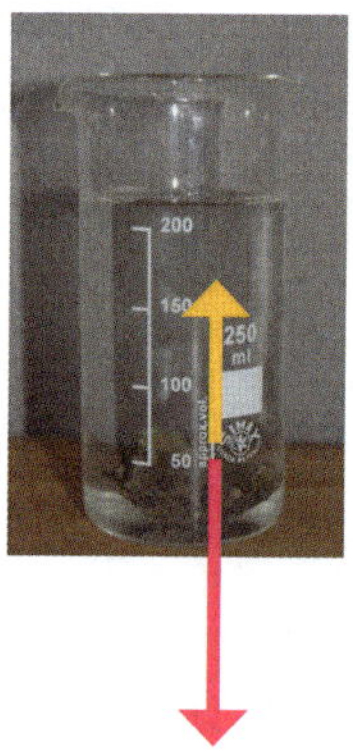

Glaçon

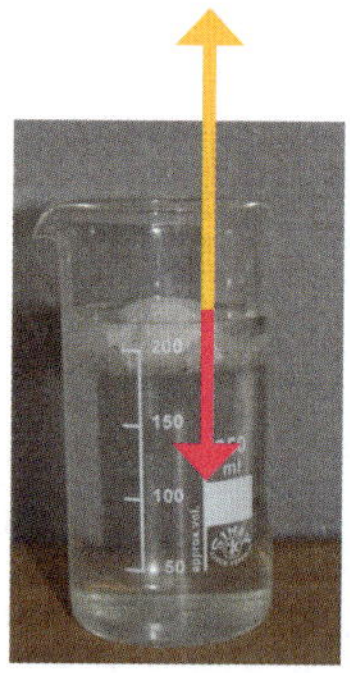

2 C'est la force poids.

QUESTION 17 P. 41-43

1 - La présence de lumière
- La quantité d'eau mise à disposition
- La présence de chaleur

2 Pour germer, une graine de haricot vert a besoin de suffisamment d'eau et de chaleur.

3 C'est aux alentours de l'été et de l'automne qu'une graine a le plus de chances de germer car c'est généralement durant ces saisons qu'il fait le plus chaud.

© Je Réussis Édition - Reproduction interdite

CORRIGÉS

QUESTION 18 P. 44

1 Le véhicule C.

2 Pour s'enfoncer un minimum dans un sol meuble, il faut diminuer la pression.
Dans le cas présent, en mettant des chenilles à la grue, on augmente la surface de contact au sol et donc, on diminue la pression. La grue s'enfonce moins car sa force est répartie sur une plus grande surface.

QUESTION 19 P. 45

A Température.
B Température/chaleur
C Chaleur.
D Température.
E Chaleur.
F Température.

QUESTION 20 P. 46-48

1 A Composition de l'air inspiré.
B Composition de l'air expiré.

2 On constate que l'air expiré contient une plus grande quantité de gaz carbonique.
Bien que le dioxygène soit présent dans les deux cas en grande quantité, l'air inspiré en contient plus que l'air expiré.

3 À 7

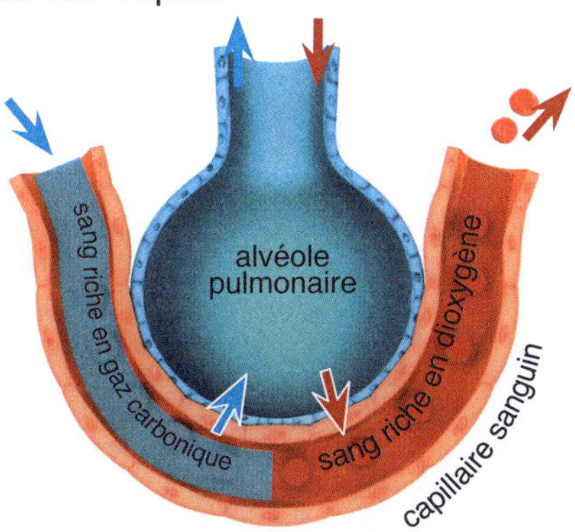

© Je Réussis Édition - Reproduction interdite

CORRIGÉS

QUESTION 21 P. 49-51

Insémination artificielle	Fécondation in vitro
La fécondation a lieu dans l'utérus de la maman	La fécondation a lieu dans une éprouvette, hors du corps de la maman
On utilise les spermatozoïdes du papa ou d'un donneur	On utilise les spermatozoïdes du papa ou d'un donneur
On aide les spermatozoïdes à arriver jusqu'aux ovaires, où ils rencontreront le(s) ovule(s)	L'ovule fécondé ou embryon est déposé dans l'utérus de la maman

QUESTION 22 P. 52-54

1

	À l'obscurité	À la lumière
Sans plante aquatique	6 mg / L	6 mg / L
Avec plante aquatique	4 mg / L	8 mg / L

2 En présence de lumière, les plantes produisent du dioxygène.
À l'inverse, en absence de lumière, elles en consomment

QUESTION 23 P. 55-59

1 A Le(s) poumon(s).
B La cage thoracique.
C Les voies respiratoires (bronches, trachées,...).
D Le diaphragme.

2 Lorsqu'on tire la membrane plastique vers le bas, on constate que le(s) ballon(s) se gonfle(nt).

3 Le volume de la cage thoracique augmente.
Le volume des poumons augmente.
L'air rentre dans les poumons.

4 Lorsqu'on remonte la membrane plastique vers le haut, on constate que le(s) ballon(s) se dégonfle(nt).

5 Le volume de la cage thoracique diminue.
Le volume des poumons diminue.
L'air sort des poumons.

© Je Réussis Édition - Reproduction interdite

CORRIGÉS

6

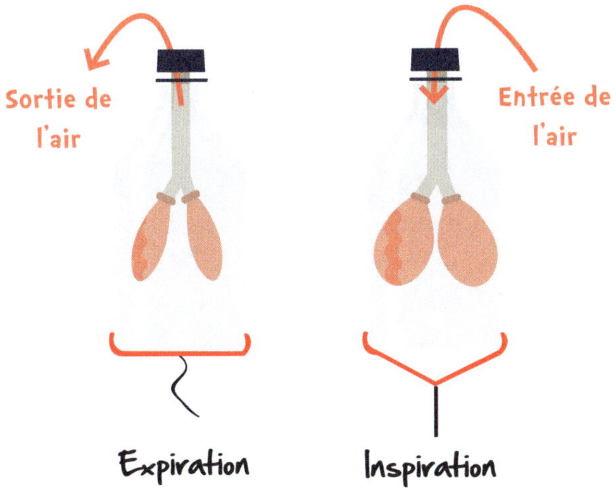

QUESTION 24 P. 60-61

A 15 g. La masse ne changera pas.

B 72 ml. L'eau gelée prend plus de place que l'eau liquide.

C 70 ml.

QUESTION 25 P. 62-65

1 Le béton, la marée noire, l'eau boueuse, l'huile et l'eau et le chocolat chaud.

2 Dans un mélange hétérogène, on distingue à l'œil nu les différents constituants.

3 Les mélanges homogènes.

4 Le cuivre pur

5 Un corps pur

6 La décantation.

7 La filtration.

8 L'eau est propre pour l'écosystème car elle a été débarrassée des déchets, débris et autres particules. Par contre, elle n'est pas propre à la consommation et n'est donc pas potable. Pour cela, il faudrait qu'elle soit traitée dans une usine de traitement des eaux.

QUESTION 26 P. 66-67

1 A Vrai

B Faux

2 L'affirmation d'Alex est :

- correcte car les deux liquides forment bien un mélange homogène. De plus, les molécules d'alcool se bien « faufilées » entre les molécules d'eau.

- incorrecte car les molécules n'ont pas de « formes » différentes. Par contre, elles ont des « tailles » différentes.

 © Je Réussis Édition - Reproduction interdite

CORRIGÉS

QUESTION 27 P. 68-69

1

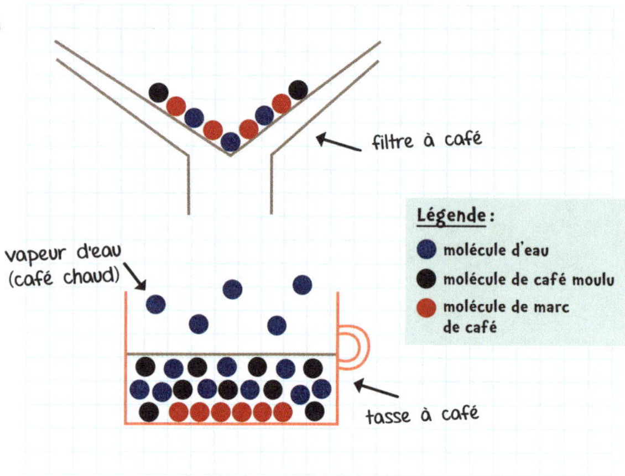

QUESTION 28 P. 70-72

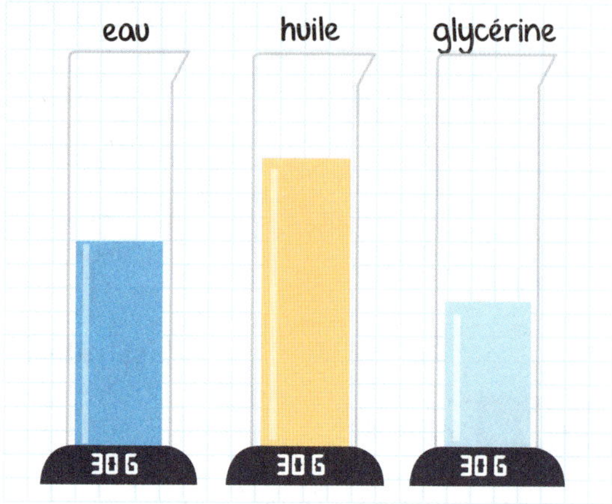

QUESTION 29 P. 73-74

1 L'air tient le carton collé au verre.
La force exercée par l'air est plus grande que la force exercée par l'eau.

2

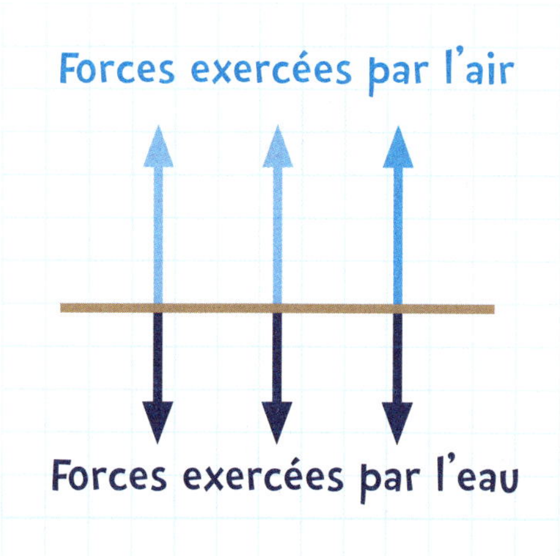

© Je Réussis Édition - Reproduction interdite

CORRIGÉS

QUESTION 30 P. 75-76

A Liquéfaction
B Solidification
C Vaporisation
D Sublimation
E Fusion
F Condensation

QUESTION 31 P. 77-78

Changement de vitesse	Déformation		Changement de direction/sens
	Temporaire	Permanente	
2	3, 4 et 8	1, 5 et 7	6

QUESTION 32 P. 79-82

1 A 5
B 4
C 1
D 6
E 3

2 Un nutriment est le résultat de la dégradation des aliments par notre système digestif. Il est directement assimilable par notre organisme.

3 1 Le dioxygène
2 Le gaz carbonique ou dioxyde de carbone

3

A

Sang prélevé à la sortie des poumons

B

Sang prélevé à l'entrée des poumons

C

Sang prélevé à la sortie du biceps, muscle du bras

D

Sang prélevé à l'entrée du biceps, muscle du bras

© Je Réussis Édition - Reproduction interdite

Retrouvez-nous sur www.jereussis.info

et visitez notre page Facebook

- Des activités intelligentes
- Des livres à découvrir
- Des pages gratuites à télécharger
- Des conseils, des trucs et astuces

JE RÉUSSIS

© Jourdan Éditions — 5, avenue Paul de Lorraine — 1410 Waterloo

Imprimé en Europe

Dépot légal : D/2015/9685/27 - ISBN : 978-2-87546-184-1 - EAN : 9782875461841

Toute reproduction ou adaptation d'un extrait quelconque de ce livre par quelque procédé que ce soit, et notamment par photocopie ou microfilm, est interdite sans autorisation écrite de l'éditeur.